PANTANAL SILENCIOSO

—esplendor e agonia do último mundo verde.

RENATO IGNÁCIO DA SILVA

Capa e ilustrações: Rigsil. (Pseudônimo artístico do Autor).

Uma edição:
RENIG - Rua Capitão José Leite, 160-B.
Centro - Itaquaquecetuba - Cep. 08580 - São Paulo - Brasil

PANTANAL SILENCIOSO

—esplendor e agonia do último mundo verde.

RENATO IGNÁCIO DA SILVA

Do mesmo Autor:

"No espaço não estamos sós..."
(Estudo sobre o espaço cósmico e seus mistérios).

"Amazônia, paraíso e inferno!".
(O que é a Amazônia. Como sobreviver na selva e no mar).

"Selva Assombrada".
(Contos).

"Capitão Piranha".
(Romance).

A meu irmão Luiz Ignácio da Silva.

ÍNDICE

"Tudo parece indicar que o homem, que foi o último a chegar à Terra, será o primeiro a deixá-la".

Maeterlink.

"O fim da raça humana consistirá em que, a longo prazo, morrerá de civilização".

Emerson.

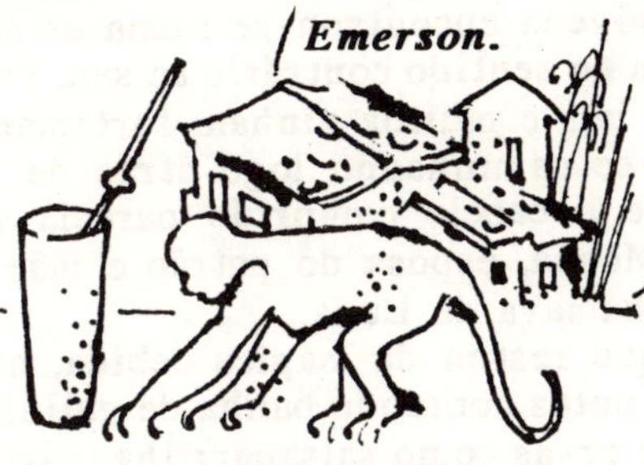

O ENCONTRO

O calendário pantaneiro tem quatro cortes de três meses: chuva (novembro a janeiro), enchente (fevereiro a abril), vazante (maio a julho) e finalmente a seca (agosto a outubro).

O tempo das fortes chuvas estava se aproximando da área que na verdade é formada por vários pantanais nomeados pelos rios: do Taquari, do São Lourenço, do Cuiabá, do Nabileque, do Jacadigo, do Miranda e outros, com características próprias.

No que era antiga lagoa, o jacaré enterrado como barro seco, apenas abriu os olhos. Voando com graça e eficiência, o tuiuiú, símbolo da região dominava os ares e nem parecia a mesma ave desajeitada quando no chão.

A sonata (toca-disco) mandava um chamamé, rítmo de origem argentina levando para o Pantanal pelos paraguaios, enquanto a peãozada preparava-se para devorar o quebra torto, primeira refeição servida com leite a vontade.

O rítmo, espécie de rasqueado mais veloz, com melodias semelhantes entre si, tocado por viola, violão e sanfona, com notas prolongadas nos finais das frases, lhes dava um ar saudoso e triste apesar de andamento alegre e bem marcado.

O madrugador peão Cangas, bugre remanescente dos últimos guaicurus, já estava na ativa desde as primeiras horas do amanhecer, quando fôra caçar camaleão cuja carne é muito apreciada por índios e caboclos. Colocou vários deles num engradado especialmente preparado para isso.

Na verdade quase não tinha dormido. Passou parte da noite num estafante ritual quando ferveu o cipó **Banesteria Caapi**, que chamava de jagube e tomou o chá. Através da substância alucinógena encontrou-se numa estrada cheia de gente que passava no sentido contrário ao seu. Por esse caminho onde poucos iam e muitos vinham fortemente armados, o bugre avistou-se caminhando logo atrás de uma mulher que pelo físico e o cabelo comprido parecia ser Eva que ele chamava de Moana, esposa do patrão e mãe da mocinha Lemira a quem chamava de Luna...

Guardou o que restou da mágica bebida, num pequeno armário junto de potes contendo banha de galinha e gordura de jibóia, além de ervas como salsaparrilha, pariparoba, cardo-santo, erva-de-bicho, alfavaca, sucupira.

Cangas cumpria agora novo ritual com o mesmo capricho. Capava o porquinho-monteiro (para engordar e a carne ficar melhor) em seguida o soltaria outra vez no mato. Antes faria também o sinal com a faca na orelha do bicho, saberia na hora da caçada, no qual devia dar o tiro.

Carne de cachaço velho ninguém comia porque tinha catinga. Tempos depois quando saia para caçar o animal selvagem e já crescido, no meio da vara os melhores estavam marcados, todos da melhor carne, gordinhos e sem cheiro.

A origem do porco-monteiro, estava na guerra do Paraguai. Quando os paraguaios tomaram o Pantanal, foram deixando no seu rastro o saque e a destruição. Apavorados os moradores fugiam às pressas levando o extritamente necessário e entre as coisas que deixavam, ficavam os porcos domésticos, de que os invasores paraguaios se serviam à vontade.

Matavam alguns animais e os outros espantavam para o mato destruindo os chiqueiros e as aguadas. Os porcos reaprenderam a sobreviver nas matas e com o passar dos anos, e em função de mutações genéticas para se adaptarem ao novo meio, tornaram-se uma raça definitiva – um novo exemplar, exclusivo do Pantanal, para a fauna brasileira: o porco-monteiro.

O fazendeiro já tinha sido avisado da chegada dos forasteiros. Em resposta o portador da notícia ouviu:

— Djenti, do sul nem o vento presta! Se fô leva, de cu vermêio (paulista) pobre, manda vortá...

A faca e o filhote de porco foram afastados pelo Cangas quando o pessoal estranho foi chegando mansamente para falar com o fazendeiro. Na frente o chefe, baiano, conhecido como "Tenente Xaréu", da Amazônia, com idade mais para coronel do que para tenente, profissão: exportador. Barbudo e cabeludo tendo no alto do encarapinhado cabelo uma boina preta desbotada com solitária estrela verde na frente. De calça e camisa de brim caqui e espécie de túnica, parecia homem de Fidel Castro chegando de Sierra Maestra.

Um pente de bala cruzava o peito e terminava na cinta por cima da Lugger. Do outro lado da cintura repousava a "peixeira". Sua presença afastou o bugio mais ou menos manso que por ali perambulava.

Com o mapa do Pantanal na mão (um tanto inútil porque as cheias mudam os caminhos) e enorme charuto enfiado na boca, rapidamente tentava impressionar com seu currículo de representante da indústria automobilística, dando ênfase também na apresentação de sócios e comandados.

Colocou o pé sobre o engradado de camaleões, apoiado num corte de pinho para fazer viola de um só pau, e observou para os homens que o acompanhavam:

— Parece que aqui tem cobra criada...

Queria se referir ao fato de certos caboclos possuirem jibóia solta dentro de casa para caçar ratos. Substituiam muito bem os gatos. Os sáurios no engradado serviam de alimento não só para os sertanejos como para as cobras. As jibóias são serpentes não-venenosas que quando adultas atingem mais de dez metros. Pequenas, de dois metros, cumprem bem a missão, maiores, crescidas passam a ser uma ameaça, tornam-se agressivas demais, estrangulando as vítimas nos possantes anéis...

O forasteiro "Tenente Xaréu" que para impressionar, tinha a mania de citar frases em latim toda vez que ia começar uma conversa importante não perderia aquela oportunidade:

— **Omnia mea mecum porto!** (Tudo o que tenho trago comigo!) — Em seguida apresentou ao fazendeiro Esiário Diangio, que já conhecia de outros encontros, um por um dos três homens de confiança do primeiro escalão. Gregório, o Greg, ex-jornalista italiano com idéias pró Palestina, que forjava notícias, agora desempregado, aventureiro sem escrúpulos. Portava pistola Beretta e trazia nas costas a Lupara, espingarda de origem siciliana, arma predileta da Máfia. Claro, usava culote e blusa de manga comprida azul marinho e perneiras pretas. Cabelo castanho cuidadosamente despenteado e sobre o rosto barbeado, o Ray-ban.

Veio a vez do ex-padre espanhol Perseu, excomungado pelo Papa, sacerdote que cansado de roubar esmolas de sua paróquia para gastar com mulheres à noite, queria terminar seus dias (apesar de moço) nas matas pantaneiras junto de seus planos científico-religiosos. Carregando dependurada no ombro a Scopeta – espingarda de dois canos serrados. Moreno claro, cabelos pretos e cavanhaque bem cuidado. Vestia roupa de campanha feita de tecido camuflado e coturno.

Terminando a apresentação de seus comandados, pelo ex-juiz relápso e venal, o judeu-francês Michelin (herói do exército), que distorcia tanto a justiça por dinheiro com sentenças injustas acabando por tornar-se alcoólatra para esquecer. Alto, loiro e magro, chapéu de aba larga e tapa-olho a la Moshe Dayan, completavam a figura. Único a não usar farda ou algo que lembrasse militar. Camisa comum e calça sobre a botina simples. Sua arma uma foice e na outra mão a garrafa que não largava.

Um dos acompanhantes apesar de estrangeiro mostrou estar por dentro da gíria. Olhando para a vastidão de mata deserta de gente que o cercava resmungou:

– Aqui ninguém precisa se esconder para empinar capucheta (fumar maconha).

O anfitrião gordo e brilhante como leitão lambusado, deixou de lado o tereré – chimarrão com água fria servido na guampa, um pedaço de chifre com jeito de copo e chupado na bomba. Costume que os índios guaranis passaram aos mato-grossenses.

Jogou uma lasca de fumo na boca e pôs-se a ouvir os homens que vieram de longe...

Não indiferente ao diálogo, o bugre voltou a lidar com o filhote de porco-monteiro que quando grande ficaria um macho peludo, quase sempre com o focinho comprido e enormes presas retorcidas. Algumas maiores do que as do javali europeu. Corpo largo na frente e fino atrás tendo uma couraça na paleta, parte tão dura que uma bala 22 não atravessava.

Na verdade e peão Cangas, tinha um olho no porco outro no patrão. Passando a olhar também os visitantes, disfarçadamente mas com insistência, principalmente para o líder deles o "Tenente Xaréu", curiosa figura de mulato atarracado soltando fumaça como impaciente dragão.

Uma vez castrado e marcado o filhote de porco-monteiro foi solto, para mais tarde já grande ser caçado com a mesma técnica usada para caçar veado e onça; com cachorro, busca de rastro e tudo mais. A ferocidade do monteiro, principalmente do chefe de uma vara é largamente conhecida.

Um cachaço irado é mais perigoso que uma onça. Seu dente corta como espada, e sua rapidez no ataque, assim como sua resistência, não permitem um segundo de vacilação. Ao menor descuido o caçador pode perder uma perna ou um braço.

O peão Cangas apanhava outro filhote e não parava na operação castra-monteiro, ao lado do pessoal que expunha seus planos de ação na reunião para a criação de um quartel clandestino. O "Tenente Xaréu" e seu bando estavam acompanhados de mais dois grupos, estes totalmente compostos por estrangeiros. Um boliviano e outro paraguaio.

Tinham vindo "lá de cima" como se referiam à Amazônia em relação ao Pantanal e fantasiados cada um a seu gosto. Ser militar naquela região pantaneira significava tão importante quanto na selva amazônica. A patente não contava muito, porque na verdade mandava mais, aquele que impressionava e pressionava melhor, por isso todos criavam tipos para levar vantagens.

O general perúvio-boliviano grande e gordo com a mesma cara diabólica do pintor Goghin, bochechudo, sempre mascando folha de coca no lado direito, pele cor de cobre e traços de índio andino, que foi apresentado pelo "Tenente Xaréu" era grotesco. Dizia-se vítima de mais uma **sudamericanidad.** Destituido do posto em seu pais por um golpe político e não revolucionário. Quando na verdade tratava-se de conhecido traficante de cocaína que chegou a comandar uma rede de tóxicos, considerada por autoridades dos Estados Unidos, mais rentável que quatro empresas reunidas: General Eletric, Standar Oil, Ford Motor Company e IBM, com bilhões de dólares em jogo.

"Cuchara Deloro", seu nome de guerra e trazia como emblema dependurado na lapela da túnica uma pequena colher de ouro, maciça, tendo encrustada no centro um grande diamante. Marca registrada que trazia dos arrogantes militares das selvas amazônicas. Cada um querendo subjugar mais com seu logotipo. Caprichavam no **design**, os desonestos gorilas corruptos e ambiciosos sempre tentando inventar tipos nas matas. Pendurada por forte correia atravessada no peito, repousava a metralhadora Kalashnikov de fabricação soviética.

A farda do boliviano, perdendo a cor, dura, ensebada e surrada, poderia parar de pé. Os cabelos já brancos do oficial, mostravam como farda só fica bem em jovens elegantes; nada é mais deplorável do que um soldado gordo e envelhecido.

Os asseclas de um coronel paraguaio que sofria do pulmão, completavam a expedição que ia construir na fazenda-pantaneira, o "Quartel da Fortuna".

Baixo como o "Tenente Xaréu", só que magrinho, o oficial paraguaio sempre tossindo andava com o mão direita enfiada na abertura da túnica, como Napoleão Bonaparte. A finalidade, esconder a mão imóvel envolta numa desbotada luva de pelica. O militar parecia arcar com o peso das medalhas e condecorações que trazia dependurada na farda de coronel. Seu rosto magro onde encaixava um fino bigode, lembrava o do general argentino Jorge Videla, o "Pantera Cor de Rosa". Na cinta reluzia o revólver Smith & Wesson, niquelado, calibre 38.

Os três "comandantes" usavam boinas pretas com estrêla verde na frente para identificar a "tropa". Como o tecido estava surrado e usadas sem a inclinação necessária para dar classe, as peças mal colocadas e deformadas pareciam mais bacias escorridas sobre as cabeças...

Assim o bando composto por "Tenente Xaréu", o mascador "Cuchara Deloro" e pelo raquítico "Napoleão da Selva", todos beirando os sessenta anos (e uns meio séculos de marginalidade), baseado na informação de que um grupo de norte-americanos havia em três anos contrabandeado mais de vinte toneladas de ouro do Pantanal, partia para a construção do "Quartel da Fortuna", base de onde devastariam o útero mais generoso da terra, em pouco tempo. Tirando da bela região tudo o que a natureza acumulara em milhares de anos.

Expoliando a jóia ecológica encrustada nas solidões interiores do território brasileiro resplandescente de beleza, fartura e potencialidades econômicas.

Aguardavam apenas o aval do fazendeiro. Senhor de muitas terras no Pantanal, antigamente devassadas por castelhanos do Paraguai e sertanistas de São Paulo...

Exposto o plano, o fazendeiro Esiário Diangio homem de posse e grossura, grandes propriedades pastoris e prestígio político, aderiu; concordou em fazer parte do bando desde que ficasse com a maior parte, em tudo. Sua fazenda de gado, dali para frente seria base operacional da quadrilha internacional, com ramificações por todas as partes do mundo. A riqueza da terra prometia uma diversificação total de matéria prima...

Esiário Diangio parecia boi-baguá que dispensava a comodidade do cocho, recusava a prisão dos currais e os gritos dos campeiros. Fugia para o mato, agrupava-se com outros animais rebeldes reaprendendo a se alimentar e a viver em estado natural, dono do seu território, onde era liberto, sem arame farpado e sem ser propriedade de ninguém.

O dono das terras, até ali só ouvia, parado, gordo e vermelho como uma abóbora no ponto.

Finalmente mostrando não se assustar com fardamentos, levantou-se, deu violento pontapé no engradado de camaleões, fez apenas uma recomendação curta e grossa que acabou impressionando os frios marginais forasteiros. Com seu sotaque cuiabano foi taxativo, áspero e duro com o "Tenente Xaréu" que não parava de falar, feito matraca intercalada de frases latinas. Do vermelho o rosto do fazendeiro passou para o rosa e finalmente embranqueceu, mostrando logo porque era chamado de "Camaleão':

— Bitcho, tchega de papo de quem vem de fora! Sua panca de Pinotchê suburbano não me assusta; tchefe por tchefe, sou mais eu! Dgenti, presti atenção nas minha palavra pruquê num vô adjudá ninguem qui faiá, pois não badjulo otoridade ninhuma nem bedjo puliça! Ai a solução é candja, adjeito as coisa, mando fetchá o palitó do malero ((o que vende ou transporta maconha), do catchorro tchifrudo, fetcho o catchão e tchau!...

Os homens que vieram da Amazônia, olharam uns para os outros e viram que currículos, fardas, fitinhas por bom comportamento e penduricalhos de falso heroismo, não estavam com nada naquele trecho pantaneiro, onde iam atuar dali para frente...

Apesar da humilhação, comemoraram a reunião e o acordo com rodada de **caña** paraguaia enquanto o assado de porco-monteiro era preparado pelo peão Cangas que como sempre olhava o que fazia sem descuidar do que poderiam fazer com o patrão.

— **Alea jacta est!** (A sorte está lançada!) — Bradou o baiano pernóstico com seu latim de caserna, para completar: — Temos que nos unir porque conforme o ensinamento de Anacarsis: as leis são como teias de aranha; os pequenos insetos prendem-se nelas, e os grandes rasgam-nas sem susto!...

A princípio, o delicioso cheiro da farta e sadia carne assada tomou conta do casarão da fazenda. Não demorou muito para que o mesmo alimento forte e de graça a qualquer hora na privilegiada região, expandisse seu aroma pelas matas e chapadões.

Seria servido com feijão, arroz e mandioca. Como sobremesa estava sendo preparada o mel de abelha oropa misturado com farinha.

— Dgenti eu perfiro o bitcho lagarto... — Expôs o fazendeiro antes da surpresa maior. E Cangas que comia de cócoras ia de maria-xica, famoso prato do Pantanal, feito com arroz, carne e farofa.

— **De gustibus et coloribus non est disputandum.** (Acerca de gosto e de cores não se deve discutir!) — Encerrou o baiano "Tenente Xaréu" com o fazendeiro nada entendendo...

Quando Esiário Diangio mandou chamar a mulher e a filha para as apresentações, o espanto foi geral para aqueles homens embrutecidos pelas andanças em selvas e matas hostis. A sala parecia iluminada pelos brancos sorrisos das duas fêmeas. Tamanha perfeição nas delicadas formas de corpos e beleza de rostos. Todos ficaram apalermados, sem falar diante de tanta formosura guardada como valiosas jóias naquele pedaço de mundo verde.

Do sotão da velha casa veio um barulho como alguma coisa grande se arrastando; som de pesada corrente enrolada em saco de estopa, num barulho surdo, mas estonteados com tanta realidade palpável ninguém notou os ruidos fantasmagóricos.

O prolixo baiano ainda fez a última saudação:

– **Ubi bene, ibi patria!** (Onde se vive bem, ai é a pátria)...

Alguém espalhou o parango (pequena porção de maconha) e aumentou o volume do quente rítmo chamamé, alegre e nostálgico ao mesmo tempo, assustando biguás, baguarís, cabeça-secas e outras aves, enquanto a **caña** agora sim diante do êxtase da beleza, corria em profusão de boca em boca...

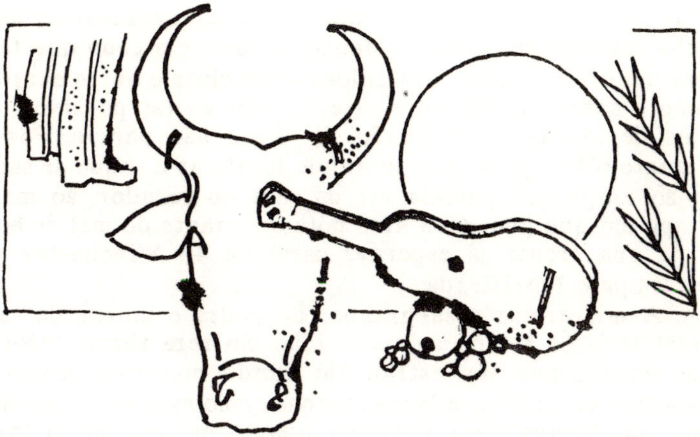

A FAZENDA

O "Quartel da Fortuna" passou a ser na fazenda, que por sua vez era dentro de grande área do Pantanal. Esta, imensa extensão plana de terra encharcada distribuída pelos Estados de Mato Grosso e Mato Grosso do Sul, tendo a Bolívia e o Paraguai como fronteiras. Região com área equivalente ao Estado de São Paulo, onde cabem juntos Suiça e Portugal.

Primitivo Mar dos Xaraés, que foi secando até ficarem os grandes lagos e as vastas planícies por onde cavalgaram os selvagens guaicurus; únicos índios cavaleiros do Brasil.

As terras da fazenda foram adquiridas pelos antepassados de Esiário Diangio, negociadas com matogrossenses descendentes de antigos senhores de engenho do tempo da escravidão, que provavelmente haviam tirado em época remota de tataravós do peão Cangas, últimos dos remanescentes do "Paraíso Guaicuru". O forte bugre cor de cobre, como todo silvícola não aparentava a idade que possuia. Davam-lhe uns 50 anos embora tivesse muito mais. Fora ele, ninguém mais ali mantinha traços que lembrassem os guaicurus legítimos donos das terras.

No pátio, em frente a centenária casa-grande, sede da

fazenda, onde junto havia um apartamento em que mãe e filha ficavam quase o tempo todo longe do fazendeiro, Cangas tinha acabado de limpar a Mauser e como em tudo que fazia, com um olho na arma que colocava na cinta e outro em torno como a sondar o ambiente. Atento para evitar possíveis ataques de inimigos do patrão. O bugre não parava. Por um instante olhou para cima tentando localizar o toque de sanfona ao longe que parecia vir da casa do rezador, ao mesmo tempo em que guardava num pote o restante do mel de bojuí. E na sua frente já esperava carabina 44 Winchester para ser limpa e lubrificada.

A misteriosa casa-grande, de pedra e muros de taipa, construida no tempo da escravidão. Sofrera várias reformas mas conservava seu estilo. No fundo mantinha ainda um aposento de grossas e largas taboas como assoalho e um alçapão que levava para pequeno quarto escuro, no primeiro pavimento, de única janela de grades dando para um engenho de cana.

O antigo fazendeiro que habitava o casarão, muito antes da família de Esiário Diangio aparecer por aquelas bandas, quando viajava "guardava" a mulher lá embaixo, conforme costume da época.

Ela era descida por uma escada de corda, através do alçapão e recebia alimento pela janela do engenho desativado há muito tempo. Apenas restos de grandes tonéis e canos quebrados lembravam o ambiente em que a esposa ficava quando o senhor do engenho tinha que se ausentar de casa por uns dias.

Mais para frente do alpendre, ja ño terreiro, ainda restavam sinais de construção próxima da casa-grande. A "morada das mulatas", onde as mais formosas escolhidas, ficavam a disposição do sinhozinho fazendeiro matogrossense...

Local onde no centro só tinha ficado a enorme angelim-da-mata, que atingia quase 60 metros de altura com seu tronco que 4 homens não abraçavam; uma das mais duradouras árvores, devia ter uns 200 anos. O resto da mata composta de copaíba, urucuna, castanheira, andiroba, melancieira, mata-matá, cedro, marfim, mogno, tinha se transformado em móveis finos, em táboas, ou simples vigas, cáibros e ripas para construções.

Um caramanchão enorme protegia as orquídeas, ao lado

de um viveiro com pássaros de várias cores.

Ao redor, as árvores frutíferas ficaram, davam os frutos indígenas guavira, jenipapo, mangaba, guabiroba, pequi, coroa-de-frade, jabuticaba, araticum-do-campo, bocaiuva. Assim como algumas palmeiras carandá, vegetação das mais típicas do Pantanal. No pomar as que foram cultivadas e se deram bem, abacate, manga, abacaxi, caju, laranja, fruta-do-conde.

A enorme angelim-da-mata fazia sombra também a um dos principais produtos locais, o cavalo pantaneiro. Animal baixo, de casco resistente à umidade e capaz de mergulhar o focinho na água para comer o capim coberto pelas cheias. Paiaguás, o alasão preferido esperava resignado o pesado fazendeiro vermelho e branco para suas visitas matinais às terras pantaneiras.

Ao lado de Paiaguás, alguns tratores aguardavam a visita do mecânico para a revisão costumeira. Em qualquer lugar as máquinas duravam dez anos lavrando as terras, em média, mas no meio das águas do Pantanal sua duração não ia além de dois anos por trabalhar na umidade.

Canoas esperavam condução para o mesmo fim: calefação, reparos. Os caminhões viriam buscá-las. Seriam reformadas com urgência antes que as enchentes chegassem como todo ano, já que eram os únicos veículos dos homens durante as cheias.

Únicos propriamente ditos, não. Havia um quarteto imprescindível para se locomover no Pantanal: barco, cavalo, trator e avião. Deviam estar sempre em ordem.

A bela garota Lemira filha de Esiário Diangio, o "Camaleão", considerada a "Pérola do Pantanal", que todos os fazendeiros vizinhos sonhavam ter como nora, chegou-se ao bugre no momento em que ele olhava por dentro do cano da arma para ver se estava bem limpo.

— Não viu o "Ratopardo" por ai? — Perguntou a moça bonita sem desligar o rádio de pilha que só pegava polcas e guarânias paraguaias.

— Não e nem ocê vai vê mais o moço, nem o denti di oro deli... — Resmungou friamente Cangas. — Eli também viajô pra "Eunete"...

— Mas que lugar mais esquisito é esse que você e meu pai vivem falando que meus amigos vão?

— Sei lá. Seu pai é que conhece bem...

O fazendeiro ia chegando limpando com a fralda da camisa, a boca, do tereré tomado às pressas, pôs o pé no estribo ao montar em Paiaguás e não parou para responder o que a filha estava querendo saber.

— Dgenti djá falei que "Eunetchi" é lugá londgi daqui. Ondgi todo catchorro tchifrudo que qué enricá sem fazê força, acaba indo!...

— Mas não dizem que a diferença entre o homem pantaneiro e o gado é que o boi um dia sai daqui? E o homem sempre fica? — Perguntou a inconformada e ingênua filha.

Não obteve resposta.

O lugar citado pelos dois, constantemente, intrigava a jovem. A mãe dava a entender ser alguma cidade onde os rapazes iam para tentar ganhar dinheiro e melhorar de vida, já que ali eram remotas as possibilidades de um empregado progredir. Cangas um exemplo; nascera nas terras das fazenda, crescera e onde provavelmente morreria de velho sem nunca fazer outra coisa que cuidar do gado, domar potro baguá, quando novo e ser escravo guardando as costas do patrão...

Os dois caipirinhas tinham surgido em épocas diferentes, como tantos andantes esfomeados que procuravam algo para fazer em troca de simples prato de comida diário, naquela casa em que não faltavam carne de frango, porco, vaca, além de peixes e linguiças com fartura.

Só ficaram porque eram pobres e a mulher do patrão lembrando a origem, tivera pena dos garotos, que passaram a andar pela casa-grande e apartamento, a fazer pequenos serviços. Tanto os dois coitados sem-eira-nem-beira, o "Malavéia" como o "Pódepurga", que não tinham mais de 17 anos, sumiram de um dia para outro. Conversavam muito com a mocinha e o que ela estranhou foi o fato de viajarem para o mesmo lugar e sem despedidas...

Até foi bom que os dois mulambentos andarilhos sem pai nem mãe e sem nomes foram embora de vez — pensava Eva — imagine se o fazendeiro violento ia deixar que os dois pés-de-estradas fossem manter romance com a filha, a "Pérola do Pantanal", Menina ótimo partido, adorada por todos os fazendeiros, ricaços, por onde o pai a levasse, de Coxim ao Nabileque, de Aquidauana à Nhecolandia...

Agora tinha sido a vez do outro "boi-baguá", o "Ratopardo", viajar para a tal "Eunete" sem dizer adeus, principalmente sem se despedir da jovem. O que a deixava intrigada e até meio complexada. Não era feia, sabia disso. Pelo contrário, formosa a não mais poder e admirada por todos os homens que a visse. Uma flor em botão, então por que acontecia aquilo com quem dela se aproximasse? E de quem estava se afeiçoando, como o forte garotão o bem apessoado mulato claro, "Ratopardo" de uns 20 anos, que estava namorando (embora às escondidas) diferente dos dois rapazinhos estradeiros que apenas se encontrava rapidamente quando todos da casa saiam?

O complexo seria deles, pelo fato de serem pobres?...

Muito menos "Ratopardo" servia para se chegar na boneca da casa. Outro que apareceu e ficou por esmola. Um simples peão que passou a tratar do cavalo preferido do patrão, o alasão Paiaguás. Nada mais fazia na vida e sabia. De vez em quando cuidava também do burro, animal que Cangas montava.

Onde afinal era esse maldito "Eunete", lugar em que os três moços com quem a bela garota convivia diariamente, se meteram, segundo seu pai e o guardião Cangas?...

O bugre só olhava de sosláio. Estava mesmo é interessado no guaraná que preparava. Ralara a massa com a língua do pirarucu e o dissolvia na água. Preferia o líquido que lhe dava energia o dia inteiro, ao chimarrão frio do patrão, o tereré.

Tanto um costume quanto o outro, vinham do tempo em que os dois lidavam com boiadas. Patrão e peão saiam de madrugada sem hora para voltar, como as vezes não levavam matula de banana, peixe seco ou provisão composta de carne e mandioca, trituradas em gordura, a beberagem ia mantendo-os sem a sensação de fome ou de sede até a volta. Podiam esquecer alguma coisa na mochila mas jamais guaraná e tereré...

"Bem" — Conformou-se Lemira em pensamento — "Se fui abandonada, e os pretendentes fazendeiros estão longe daqui, só restam aqueles homens que chegaram para trabalhar com meu pai"...

Se bem que mais velhos e experientes do que os jovens (da sua faixa etária) com quem a quase menina mantinha convívio até ali...

Um deles, o judeu-francês alto de longa cabeleira russa,

pele clara sempre protegida do sol pelo chapéu de aba larga, estava fora de cogitações do coração sonhador da formosa e solitária filha do fazendeiro. Não por ele ter um olho só; aquele paninho preto atravessado no rosto até que lhe dava um certo charme. O francês bebia muito, de cair, esse, o motivo da dispensa da jovem que não tolerava bebida alcoólica. Para bêbado na família já bastava o pai dela.

Tinha o italiano forte e loiro, mas o espanhol moreno, de bigode e cavanhaque era seu preferido.

A bela menina estava na fase do sexo na cabeça. Via-o em tudo e ali a natureza mostrava a toda hora. Através dos animais, bois e cavalos que mordiam e trepavam, dos peixes e até de pequenos seres que passavam voando emendados uns nos outros...

O que se sabia dos percevejos, ao longo dos séculos, é que eram implacáveis atacantes noturnos, perpetuamente em busca de sangue de suas vítimas humanas. E a tal ponto insistentes, que conseguiram penetrar até mesmo na indevassável intimidade das câmaras mortuárias egípcias.

Mas ali na mata pantaneira o inseto mostrava outra faceta: sua incansável competência sexual. O desempenho do percevejo é absolutamente avassalador, acima de qualquer espectativa científica. Se um deles passa perto de um par no momento do acasalamento por exemplo, fica terrivelmente excitado que acaba se atirando sobre eles, indiferente ao fato de o inseto alvejado ser macho ou fêmea.

Cena que Lemira estava apreciando, com os olhos perdidos na beira da mata. O sexo a atraia mais do que tudo. Procurava-o nas mínimas coisas. E principalmente observava a fúria do inseto de prazer sem limites.

O mais surpreendente porém, é que impelido por seu fôlego incontrolável, o percevejo nem se preocupa em buscar o aparelho reprodutor da fêmea, ele perfura afoitamente o abdomen da companheira para a inseminação.

Uma inesperada mutação fisiológica viria, contudo, corrigir os efeitos dessa "inseminação traumatizante", que a mocinha assistia. As fêmeas foram desenvolvendo, num período relativamente curto em termos de evolução das espécies, um tipo de canal que transportasse o esperma até seus ovários...

Lemira olhou para cima e notou novo exemplo...

Ao escurecer ela espera o seu amado, que vem somente com a proteção da noite. Para atraí-lo, veste-se com brilhante vestido branco. De longe, ele a reconhece e se aproxima. Ele é uma falena masculina (borboleta noturna) ela uma flor desabrochando nas quentes matas pantaneiras.

A borboleta pensa unir-se ao pousar sobre a flor, com uma fêmea de sua espécie, porque a orquídea tem uma incrível semelhança em forma e cor, com aquele inseto feminino. Assim a orquídea recebe as políneas que o inseto tirou de outra flor.

Para perpetuar e garantir a propagação de uma espécie são usadas pela natureza todas as possibilidades. As chuvas e os ventos servem de ajuda na perpetuação das plantas, mas elas preferem os insetos ou aves para alcançar seu objetivo, usando dos mais diversos artifícios. É notório haver sexualidade entre as plantas. Foi estudado que os "orgãos genitais" das plantas são de admiráveis variedade e seu intúito sexual é enorme.

Um dos mais espantosos exemplos para essa técnica de ilusão, estava ali na frente da jovem Lemira que despertava para o sexo. As folhas de uma planta parecerem pequenas abelhas para receberem os insetos...

E havia outros mais na atração sexual. As plantas usam perfumes para atrair insetos polonizadores que são recompensados com nectar em troca do transporte de pólen de outras plantas da mesma espécie. Parece que o cheiro das flores, que tanto nos delicia, é também forte atração para muitos insetos transportadores de pólen.

As plantas atraem esses insetos, incitando seu sentido visual. A maioria dos insetos pode ver na faixa ultravioleta. Assim, muitas flores que para nós são brancas, para eles podem ser de colorido muito brilhante e atraente. As pétalas amarelas de uma espécie de margarida tem altas concentrações de substâncias que só absorvem o ultravioleta na base das pétalas. Essas porções das pétalas atuam como sinalização, guiando os insetos para áreas ricas em nectar.

É também sabido, que os insetos são cegos para o vermelho, cor que se situa no espectro no outro extremo oposto ao violeta e ultravioleta. Talvez seja essa a razão de muitas flores vermelhas, principalmente as grandes, serem polinizadas por pássaros.

Mas, o que parece ser o máximo em matéria de métodos para atrair insetos, é o da orquídea do gênero **Ophrys.** Suas flores abundantes não apenas parecem abelhas fêmeas adultas, mas seu cheiro também muito se assemelha ao da fêmea do inseto. E difícil imaginar um ardil mais diabólico para atrair a abelha macho...

Lemira ao mesmo tempo em que se preocupava em conhecer os mistérios do sexo, expostos pela natureza, mostrava seu lado infantil, brincava com alguns pirilampos, costume que não havia perdido ainda.

Os besourinhos que a quase-menina pegava, apresentavam interessante luminescência, que lembrava os trens iluminados com lâmpadas verdes e faróis vermelhos em cada extremidade.

Os vizinhos paraguaios da fronteira chamavam os bichinhos de "bicho-trem" e em guarani **isondú,** que significa "verme-de-luz". Mas os pantaneiros tratavam pelo nome genérico de vagalumes.

Quando menina. Lemira ouviu muitas vezes a história indígena contada pelo bugre Cangas sobre o bicho cagafogo:

Foi no princípio. Tudo era sombra e silêncio e Deus, na altura infinita lapidava os astros, que são os diamantes do céu. Lapidava-os e a poeira luminosa que deles se espalhavam formaram a Via Láctea e as outras nebulosas.

Logo que um astro fulgurava, Deus, deixando-o engastado, tomava um pouco de treva e punha-se a polir e assim conseguiu fazer todas as estrelas que brilham, o sol que é um topázio enorme e a lua que é uma opala triste.

Lapidando os astros não podia o Senhor pensar que parte da poeira resplandescente viesse parar à terra, mas tendo de criar os animais e o Homem, desceu ao mundo deserto, e caminhando devagar, pela sombra, viu, de repente, brilhar entre as árvores virgens, uma chama fugaz. Deteve o andar, e pensativo, ficou acompanhando a viagem aérea volteante da fagulha de origem desconhecida.

Olhando-a ir e vir e vendo que outras surgiam, o bom Deus, não querendo que o demônio astuto pusesse malefício em sua obra e julgando as chamas errantes criações do Mau Anjo — porque não se lembrava de as haver criado — tomou, no espaço, uma das que passavam, e com seu alto poder, fez com que a centelha falasse, e entre seus dedos, a centelha disse:

— Senhor, deixa-me ir livre. Não me julgueis provinda de origem má. Chama, não fui gerada nos braseiros infernais, venho das claras estrelas que fulguram no céu. Quando as lapidáveis, delas saia uma luminosa poeira que se espalhou nos espaços formando estradas largas; sucedeu, porém, que alguns grãos pequeninos dessa poeira de brilho intenso vieram cair na terra, e, porque nelas havia tocado a vossa mão, logo se animaram e a noite, à hora em que as estrelas brilham no céu, a poeira das estrelas vive e brilha na terra. Bem vedes que de Vós venho. Deixai-me ir. Senhor! Deixai-me ir por entre as árvores que cheiram e por cima das águas brancas que murmuram...

E o Senhor enternecido, abriu os dedos deixando partir o vagalume.

E ai tinha, porque não é fixa, como a das estrelas, a luz do vagalume. É que ela esteve, algum tempo, abafada entre os dedos de Deus. E até hoje o inseto guarda essa instantânea impressão...

Era a história que o índio Cangas contava.

Mais tarde já mocinha, foi a vez do sem-eira-nem-beira "Ratopardo" contar a versão que conhecia, de acordo com seus padrões de caboclo pobre:

Um menino sempre maltratado pela madrasta, foi por ela mandado fazer compras num distante lugarejo. Para sua infelicidade perdeu o dinheiro no caminho. Temendo o severo castigo que por certo viria, durante horas e horas procurou aquela importância. Andando daqui e dali, errou o caminho de volta, dada a tempestade que surgira. Perdendo-se caiu num riacho e se afogou. Mas, mesmo na morte, o medo pela madrasta não o abandonou. Seu espírito continuou repetindo: "Devo achar dinheiro. Devo achar meu dinheiro!" E o espírito desse infeliz menino andante foi transformado em vagalume, inseto que carrega uma pequena lâmpada, procurando indefinidamente pelo dinheiro perdido...

Lemira usava como broche um pirilampo preso por um leve fio de ouro. Quando ele apagava as duas lanternas toráxicas, ela o excitava dando-lhes duas pancadinhas alertando:

— Acorda preguiçoso...

Enfeitava-se toda para o espanhol e sempre pensando em sexo. E foi só pensar no diabo, o rabo apareceu. Perseu quando cumprimentou Lemira, trazia nas mãos algo estranho para a jovem, assim como a moça exibia a jóia luminosa para o estrangeiro. A novidade de Perseu, um tipo de cogumelo. Pior foi quando o europeu contou a ingênua moça criada naquela lonjura de civilização e que ainda brincava com vagalumes, de onde tinha vindo o cogumelo. Removera muito estrume bovino para retirar de um monte deles, e que tinha formado dias após a defecação, o precioso cogumelo. Que quando mastigado em sua haste, constituia-se num alucinógeno condenável. Capaz de levar a loucura quem através deles procurasse novas sensações.

E a mocinha falava sobre seus pirilampos. Que encerrava-os em pequena gaiola, alimentando-os com bocados minúsculos de cana e os banhava duas vezes por dia. Esse banho, segundo as explicações da mocinha pantaneira, era indispensável à saúde dos vagalumes, pois substituia para eles o orvalho da noite e da manhã...

Ficaram trocando informações, enquanto o forasteiro ajeitava a bolsa onde portava o dólar — porção de maconha equivalente a vários parangos.

O espanhol, homem experiente, vivia procurando todo tipo de "viagens" em busca de outras dimensões, por isso pesquisava muito e Lemira contando como colocava os vagalumes nas gaiolinhas para ornamentar suas casinhas nos jardins da fazenda. Costume que não perdia desde a infância. E sua coleção de vasinhos feitos de formigas que viravam vegetais, uma crendice popular que o espanhol só acreditava porque estava na sua frente...

Pelas madrugadas Perseu saia em busca do precioso material que estava estudando. Naturalmente nas horas de folga do setor que fôra encarregado de cuidar, dos mais importantes para a "organização", como os componentes chamavam a quadrilha encarregada de "depenar" o Pantanal.

Falar com a moça em termos científicos sobre o poder dos cogumelos seria perda total de tempo. Aquela beleza pura quase criança, perdida nas matas pantaneiras não tinha capacidade para entender. Além do que era flor para se admirar e não para dialogar sobre tóxicos nem mesmo sobre aquele cogumelo já conhecido no tempo dos aztecas, que Perseu exibia.

O espanhol, teria que falar consigo mesmo, porque ninguém ali por certo iria entendê-lo. Quantos na fazenda saberiam que além dos cogumelos alucinógenos, há aqueles que causam a morte como o Anjo Destruidor Amanita Muscaria?

Ou mesmo do outro infalível, o **Pholloides Agario Mosca?** Que possuia substância tóxica e venenosa...

O ex-padre Perseu, antes de andar pela Amazônia, onde também pesquisara, tinha percorrido o Vale do México, Istmo de Tehuntepec, onde os nativos consideravam que várias espécies de cogumelos possuem atributos divinos, entre eles o **teonanacati,** por ser muito carnudo. Esse cogumelo já era usado nas orgias, em 1502, quando Montezuma foi proclamado Grão Sacerdote dos aztecas.

O **teonanacati** foi mencionado nos escritos do padre Bernardino de Sahagun e pelo franciscano Toribio de Benvenute, na Espanha. Eles relataram que os nativos, quando comiam cogumelos, tinham visões, perdiam completamente a razão e ficavam enfurecidos. Comiam os cogumelos como uma espécie de comunhão e aqueles que utilizavam a planta fora dos rituais eram castigados severamente.

Foi o professor Roger Hein, diretor do Museu Histórico de Paris, quem classificou tais cogumelos no gênero **psilocibe,** tendo participado de uma expedição à Sierra Mazteca para estudar a planta **in loco...**

O espanholPerseu fazia parte dos caçadores místicos do prazer que buscavam nos cogumelos portadores de **psilocibina** do México, Cuba, Honduras e da Ásia, um alucinógeno completo para usar a dois durante o ato sexual. E a presença da ingênua mocinha reascendeu no europeu culto, a idéia de novas pesquisas.

Por que não experimentar um dia com Lemira, aquela adorável virgem, o Cogumelo da Carne de Deus? Ou outros cogumelos alucinógenos que durante muitos séculos foram usados pelos primitivos da Sibéria e que Perseu conhecia?...

Homens como o aventureiro espanhol em suas andanças, que carregavam angustias e conflitos internos, pareciam contaminar à todos na região pantaneira. Seus estragos não eram somente materiais, como predadores, destruidores da natureza; procuravam atingir e minar a alma das pessoas com suas cargas agressivas, e nada como a juventude da bela Lemira — princezinha que o pai com orgulho exibia por onde passasse fosse em Santo Antonio do Loverger ou na cidade de Barão do Melgaço onde iam muito — despontando, para as pesquisas dos monstros e doentes mentais que representavam aqueles homens.

As experiências com os cogumelos poderiam levar à loucura ou à morte e o ex-padre sabia disso, pois já tentara pessoalmente suas "viagens siderais pelo mundo da loucura". E ele teria que ir de vagar com os testes porque mexer com estrume de vaca no Pantanal para catar algo de valor que não utilizado no nascimento das plantas, poderia ser motivo de riso, principalmente sendo ele o encarregado de coordenar a catança de... ouro e pedras preciosas...

Suas experiências com a moça ficariam para uma outra oportunidade...

De qualquer maneira o encontro com Lemira fôra proveitoso; um bálsamo, única presença (sem contar a outra formosura, Eva, sua mãe) para amenizar a tristeza e a angustia de quem vivia sem companhia feminina nas matas pantaneiras.

A ORGANIZAÇÃO

— Para nós contrabandistas, é como para os pássaros do Pantanal, as fronteiras não existem!...

Disse o "Tenente Xaréu" ao narcotraficante perúvio-boliviano "Cuchara Deloro" que se dedicava em tempo integral ao **coqueo,** a mastigação da folha do arbusto coca **(Erytroxylon-coca)** e que ficou com a missão de cuidar do departamento das drogas.

Inicialmente as folhas da coca viriam da Bolívia para onde partiriam logo depois de preparada a pasta de cocaína. Teria que incentivar na região pantaneira a plantação da coca para abastecer o departamento criado. Um arbusto menor que o café, imune as pragas, nativo de terras áridas e capaz de dar até cinco safras por ano.

Entendido no açúcar (cocaína), orientaria também no sentido de que muito ipadu fosse cultivado, já que a planta era bastante conhecida na Amazônia brasileira. Uma vez colhidas, tanto uma como a outra folha, passariam a ser transportadas como erva-mate, produto ensacado em qualquer ponto do Pantanal.

O general **cocalero,** especialista no tóxico, de pai

boliviano e mãe peruana. Na terra de sua mãe, desde tempos imemoriais é usada a coca, arbusto da família das **eritroxilaceas**, de cujas folhas se extrai o cloridrato de cocaína. que atua diretamente sobre o sistema nervoso central.

Antes do período inca, já usavam as folhas de coca nas cerimônias religiosas. No tempo dos incas, mastigá-las, um privilégio da nobreza. Por isso a coca — não confundir com a cocaína — é considerada uma manifestação cultural e histórica, nutritiva e sociológica no Peru. Durante a época colonial foi empregada como substituto alimentício predominando o hábito mastigatório até hoje.

"Cuchara Deloro" ficaria encarregado de tudo que se relacionasse com o tóxico. Da semeadura à colheita das folhas e da preparação da pasta em laboratório, que estava sendo montado em lugar muito escondido nas matas pantaneiras, onde o cuidado, dobrado. Além de organizar um exército clandestino de homens-formigas para o transporte de querozene, éter e acetona — matérias primas de muita importância — sem levantar suspeitas, bem como escravizar o mais que pudesse de **patas verdes** que preparavam a pasta branca-esverdeada.

Era o departamento mais afastado da sede da fazenda por motivos óbvios. O mais procurado e combatido pela Polícia Federal. Portanto tinha que ficar bem escondido no ponto mais afastado das matas. E se possível com pouco movimento por enquanto, a não ser o transporte de ácidos, querozene e muitas folhas que seriam acumuladas...

Na chefia do departamento de minérios, de onde em pouco tempo pretendiam extrair milhões em ouro e pedras preciosas, ficaria o enérgico paraguaio "Napoleão da Selva". Arrogante militar que mesmo enfraquecido pela tosse persistente, não dava confiança nem para seu auxiliar, o espanhol Perseu, com quem passava grande parte do dia trabalhando e falando a mesma língua.

Os caminhos não variavam muito. O contrabando da quadrilha percorria quase sempre as mesmas rotas, Poconé, Campo Grande, Cáceres, Corumbá, Porto Jofre, Cuiabá, Miranda. Os meios de transportes é que mudavam: iam do avião, ao carro de boi quase sempre carregado com sacos contendo folhas de coca como se fossem de erva-mate...

Grande parte do contrabando, enviado ao Paraguai e à Bolívia. De lá é que passavam a ser embarcados para a Europa, como sendo produtos dos países de língua espanhola. Outra parte menor saia mesmo direto do Pantanal quase sempre com pouca fiscalização e muita corrupção.

Couro, pele, ouro, e principalmente diamantes iam embora sem passar pelas mãos das autoridades brasileiras. Onde o Brasil passava a ser vítima de duplo contrabando. Quantidades fantásticas de pedras saiam do Pantanal via Bolívia e Paraguai seguindo para os Estados Unidos. Depois retornavam, e outra vez contrabandeadas, mas já manufaturadas...

O brasileiro "Tenente Xaréu" era o responsável pela caça e pesca para exportação ao vivo, na forma de couros e de peles. Além da derrubada geral das matas para total aproveitamento das madeiras. De lei ou não. Contava para isso com dois homens de confiança, que na verdade perfaziam três, um estava cedido para auxiliar o paraguaio na extração de minérios, o espanhol Perseu.

No departamento de caça e pesca, de tudo que andasse, voasse, nadasse ou rastejasse, ajudava-o, o ítalo-palestino ex-jornalista, Gregório mais conhecido como Greg. E a testa da seção de madeiras, o judeu Michelin. Ex-juiz, herói do exército francês e agora transformado em alcoólatra.

O palestino e o judeu, inimigos políticos tradicionais, não se olhavam com bons olhos, mas um não interferia na área do outro nem dava palpite no serviço. De modos que bem afastados, cumpriam a contento suas tarefas. E isso que importava para o chefe "Tenente Xaréu". Quanto a idealismo, cada um que tivesse o seu...

Sob as ordens do barbudo baiano sempre fumando charutos e vestido como Fidel Castro usando a boina de Chê Guevara, o judeu-francês "cuidava" das árvores. Sua missão: derrubá-las todas sem piedade.

— Derrube, depois nós vamos conferir o que é sumaumeira, sapopema, massaranduba!... — Aconselhava o chefe.

Numa afronta ao nosso Olavo Bilac quando escreveu "Velhas Árvores": "Não chores, amigo, a mocidade! Envelheçamos rindo! Envelheçamos. Como as árvores fortes envelhecem! Na glória da alegria e da bondade, agasalhando os pássaros nos ramos, dando sombra e consolo aos que padecem!".

Tamanha a derrubada programada que logo não existiria

mais o banho-de-cheiro pantaneiro que mandava juntar trevo-cumaru, japona-branca, pataqueira, mão-de-onça, catinga-de-mulata, chama, bergamota, mangerona, pluma, vindicá, orisa, cipó-catinga, casca-de-cedro, boiuçu, canela, numa bacia com água. Levá-la ao sol diariamente, durante uns cinco dias. Nunca ao fogo. Coa-se a infusão em pano fino e engarrafa-se o banho-de-cheiro.

Que deve ser usado nas vésperas de Santo Antonio, São João e São Pedro. Somente depois de lavar o corpo com água pura...

O mesmo acontecendo com o pitoresco das ervas. Logo o caboclo pantaneiro não teria mais os vegetais tão procurados contra olho gordo, mau olhado, inveja, cobiça...

As matas, as mais prejudicadas, porque nada se fazia ali sem primeiro derrubá-las. E nelas iam as emas, os macaco-pregos, as suçuaranas, os catetos, as antas. Dos ninhais, dos viveiros, grupos de árvores onde os pássaros aquáticos fazem seus ninhos, partiam patos, biguás, socós, garças, jaburus...

Estradas eram percorridas, bitolas (como o pantaneiro chama o caminho de terra dura que nas inundações mudam de lugar) grandes rios, lagos e corixos. Matas, vasculhadas, derrubadas quando não incendiadas, tendo como lema apenas um: destruição de toda forma de vida do Pantanal!

O cheiro da destuidora quadrilha passou a afugentar os bichos. Bandos de quatis procuravam às pressas os cerrados buscando proteção nas árvores, enquanto aumentavam as revoadas das garças para bem longe.

Todos procuravam abrigo seguro dentro do Pantanal, antigo mar, tanto que hoje o vocabulário pantaneiro mantém expressões marinhas. As áreas ao redor das fazendas se chamam praias, as lagoas são denominadas de baías e os lagos com água rica em sais (inclusive o cloreto de sódio) são chamados de salinas.

Privilegiado lugar que, ao contrário do cerrado do leste e da mata rala do sul, no norte é densa e exuberante. Reserva natural que na verdade devia ser intocável região de proteção ecológica.

O FAZENDEIRO

Alguns meses tinham se passado e cada um dos componentes do bando já exercia sua atividade normalmente no Pantanal.

Apenas o chefe dos chefes que dormia e comia isolado da mulher e filha, permanecia em seu rítmo habitual para não levantar suspeitas. Mas não deixava de reclamar cheio de "djotas"" e "tchis", das despesas achando que estavam gastando muito.

— Catchorros tchifrudos! Atchiram em tudo inté im budgio pruquê a pórva num é delis!...

O fazendeiro Esiário Diangio vermelho e rotundo como Baco acompanhado de seu fiel guarda-costa, o bugre Cangas, dirigiram-se ao brete — ou siringa, um corredor junto do curral em que o gado era curado, marcado, trabalhado — onde o comprador já escolhia os bois para levar, enquanto a peãozada gritava e empurrava os animais para definir a sorte de cada um.

Um imponente tucano pousara para procurar insetos, frutas, ratos ou mesmo ovos dos passarinhos. Orgulhoso, parecia vir do tempo de D. Pedro II, quando o manto imperial, famoso por ser todo confeccionado com penas da nariguda ave. O imperador nas grandes festas e cerimônias da côrte, não dispensava o traje preferido, de tucano, muito admirado por todos...

Com o trabalho de aparteação ia longe, resolveram dar uma parada às 8 horas para ser servida a primeira das três refeições do Pantanal. No quebra-torno entraram como sempre arroz com carne seca, leite e café a vontade.

Juntamente com as emas, os veados-campeiros, os que mais procuravam a companhia dos bois. Só corriam quando os peões chegavam perto. Mas estavam escaceando desde a chegada dos caçadores do bando, tornaram-se ariscos...

Os 70 do desgastado e balofo fazendeiro contrastavam com a sensualidade da esposa bela, sem barriga saliente, seios opulentos, maravilhosa pele, olhos e cabelos negros, bem conservada nas suas 32 primaveras. Eva ainda realçava as formas perfeitas usando decotada blusa, calça comprida provocantemente justa e fina e nada de peças íntimas. Os de língua espanhola passaram a chamá-la de "Maja Desnuda", depois que a viram tomando banho de sol na beira da piscina da casa-grande, somente de calcinha.

Ela chegou perto do comprador e o homem ficou perturbado, ajeitando o que tinha dentro da calça que passou a incomodá-lo. A formosa mulher não só notou a situação embaraçosa do caipira endinheirado, como gostou, pois sorriu misteriosamente. O dono da fazenda viu a provocação da esposa. De vermelho passara para o branco sem rosa no meio. Não sendo atoa que o chamavam de "Camaleão"...

Outro que sentiu fundo foi o índio Cangas pois mantinha paixão pela Moana, esposa do patrão. Mulher capaz de andar com todo mundo, menos com o bugre...

Na casa-grande, em cujo sótão era produzido barulho por fantasma a qualquer hora do dia, nada parecia assustar os dois. A filha do fazendeiro achava-se em companhia do ex-padre Perseu, espanhol de confiança do "Tenente Xaréu". Lemira, a morena bonita como a mãe, 17 anos, portadora de corpo escultural, cabelos negros e apenas os olhos verdes diferenciavam da "Maja Desnuda".

A apresentação do ex-padre à Lemira tinha sido dentro do maior respeito e formalidade pelo pai, quando do encontro geral e juntamente com a mãe da garota. Logo os dois iniciaram as escondidas um namoro avançado (mais quente do que as simples brincadeiras com "Malavéia" e o outro garoto "Pódepurga", mais ainda do que quando procurava o "Ratopardo") que foi esquentando e passado pouco tempo, não tinha mais hora para encontros nem lugares, como o fogoso daquela manhã quase na cara do violento pai.

As carícias daquele dia foram ficando ousadas, sempre iniciadas pela moça, até que o ex-sacerdote tirou os seios da garota para fora da blusa e beijou-os com carinho como se fossem duas belas e cheirosas papáias.

O agarra-agarra passou a ser violento dali para frente, tanto que acabaram derrubando da parede a viola de cocho — que no Pantanal leva o nome de chalana, para acompanhar nas danças siriri e cururu — e nem ligaram.

A caboclinha contorcia-se toda parecendo uma profissional das carícias. Aos poucos agarrou com muito jeito o membro de Perseu e preparou-se para aninhá-lo entre suas macias coxas. Ficaram nessa posição durante algum tempo em lentos movimentos e prolongados beijos enquanto o ex-pároco suava cada vez mais com o calor emanado daquela carne sedenta de amor.

Estavam no embalo já há algum tempo e nem notaram o barulho de alguém que entrara, apesar de lá fora o tachã gritar desesperadamente alertando. Ave de interessante particularidade que é a de alertar assim que pressente perigo. Quando tal acontece o tachã solta seu curto som estridente que imita seu próprio nome, alcançando longe.

Ao beijar o pescoço da moça Perseu gelou: Eva, a futura sogra de um outro lance da enorme sala, num local mais escuro e de cima de onde os namorados se encontravam, passou a assistir tudo. E ao perceber que Perseu a havia visto, abriu a blusa deixando que seus enormes seios morenos claros ficassem livres de vez. Em seguida começou a alisar a calça comprida justa num frenético movimento de dedos, ao mesmo tempo em que mostrava a língua de um lado para outro...

O ex-padre manteve-se agarrado à moça com medo que ela virasse de repente e avistasse a mãe naquela situação. Com o que via na frente e o que sentia de perto Perseu entregou-se. Com a respiração ofegante molhou as coxas roliças da garota, com o líquido descendo até a bem contornada barriga da perna...

O novo grito do aflito tachã, mais forte, la fora, agora

tinha sido entendido por todos.

O fazendeiro estava chegando com a visita interessada na compra do gado e agora também com as vistas voltadas na mulher do vendedor. Foi o suficiente para aqueles que estavam dentro de casa, se recompuzessem.

Na frente entrou o dono da fazenda falando sobre os meses de seca, ideal para a ferra e a marcação dos bezerros. No meio o comprador paulista (cú vermelho, como chamava Esiário Diangio os compradores de São Paulo que lá apareciam para negociar o gado) e atrás, Cangas ainda de esporas e tirador, o largo aventual de couro que protege a roupa na hora de chinchar o boi laçado — ter o animal preso pela cincha, faixa de couro forte que passa por baixo da barriga do animal para segurar a sela.

A descarada Eva entrou na sala com o bolo de fubá e sorrindo principalmente para o paulista comprador. Com os pés afastou de leve (todos faziam isso na casa) o engradado onde estavam aprisionados vários camaleões. O gordo fazendeiro que chegara vermelho, ficara branco ao avistar o ex-sacerdote com Lemira em sua casa.

Café posto na mesa, muito leite, bolo, rosquinha, melado de rapadura. Só depois de algumas conversas é que a cor de Esiário Diangio, o "Camaleão", foi voltando ao normal: vermelho pimentão.

— Dgenti, num crio "tchucura" ou "curraleiro". Crio zebu da mió qualidadi. Meu gado é di si tchirá o tchapéu!...

Sorriu falso para o comprador sem encobrir os ares de ciúme e de ganância, mostrando que o homem não é o único animal que mata, mas é o único que manda matar. E que também não é o único animal que mata, mas é o único que vende a pele...

Mais ciúme que o marido tinha o índio que permaneceu com cara de gelo. Não ria e nem deixava transparecer seu amor proibido por Eva, sua Moana.

A mulher tirou o cinto e a cinturinha de vespa permaneceu; para mostrar que não era devido a tira de couro e sim natural. Eva possuia método especial, vomitava após as refeições para manter a silhueta de bailarina.

Para impôr respeito, como sempre fazia, o fazendeiro deu um pontapé no engradado que vivia atrapalhando todo mundo na sala, visitas e moradores e ninguém tirava o trambolho dali.

— Mardjito monstro! Só são bão quando istão na panela!... — Tentou enfiar o pé num dos enjaulados camaleões...

Muito procurado como alimento, o camaleão é um réptil mais ou menos semelhante ao lagarto. De cor verde-escuro, seu costado é como serra e debaixo da cabeça (no papo, como dizem os sertanejos), tem duas membranas pendentes, parecidas com as que possuem os galos debaixo do bico.

O casca-grossa do fazendeiro Esiário Diangio sim era um monstro da natureza, não o verdadeiro bicho camaleão, tão maltratado naquela casa.

Pacato animal que através dos séculos levou injusta fama de monstro, apenas por possuir excepcional poder de mudar de cor e confundir-se com o meio ambiente que o rodeia.

Esiário Diangio parecia ter tomado do animal a definição de aspecto antideluviano. Seus movimentos, lentos como o do bicho que tinha a facul'dade de ver ao mesmo tempo para frente e para trás, além de língua tão comprida quanto seu corpo que lhe servia de arma poderosa dotado de sistema nervoso mais sensível que um sismógrafo e que mudava à vontade, a cor de sua pele adaptando-se ao ambiente em que se encontrava.

Por mudar de cor a todo instante, o bicho camaleão tornou-se uma espécie de símbolo da inconstância, da falsidade.

A cor da pele desse animal muda por estímulo direto da luz, como se fosse uma chapa ou fotografia da paisagem que o cerca. Mas o agente principal da transformação de suas cores, é a luz que recebe através dos olhos — que trabalham independentemente um do outro. Por isso, por incrível que pareça, ele pode mostrar um lado do corpo de uma cor e o outro, de outra.

Quando o animal está próximo de uma moita, o olho voltado para esta recebe menos luz e em conseqüência esse lado de seu corpo parece mais escuro, enquanto que o lado contrário, o que corresponde ao outro olho, que recebe mais luz, mostra-se inteiramente brilhante.

Geralmente, as alterações da cor, no camaleã, provocadas por influência da luz, servem-lhe para se ocultar da presa, podendo surpreendê-la facilmente.

Essa situação inversa, para assustar o inimigo, as alterações da cor de sua pele e inclusive de sua forma, em respota a estímulos emocionais (medo por exemplo) são realmente extraordinários, conseguindo enganar até mesmo o mais astuto dos animais, que foge assustado diante de um réptil que na verdade é absolutamente inofensivo.

Mas o camaleão não é o único que possui essa maravilhosa facilidade. Milhares de animais e até mesmo alguns vegetais, se adaptam facilmente ao meio e tomam a cor e a forma dos objetos e seres que o rodeiam.

Essa particularidade, chamada cientificamente de mimetismo e na linguagem comum de camuflagem, como tática militar usada na guerra, não é outra coisa que a aplicação pelo homem, dos meios de defesa usados por animais inferiores desde o princípio dos tempos.

A maior parte dos animais possui essa faculdade, mas ela é notória entre os insetos e outras espécies mais inferiores, para as quais é indispensável à sobrevivência como arma de defesa ou de obtenção de alimentos. Nesses espécimes, o mimetismo ou camuflagem se transformou numa autêntica arte.

O mimetismo ou disfarce é de dois tipos: **homotipia,** quando se trata de adaptação às formas e **homocromia,** quando se trata de adaptação às cores.

Em todos os animais, ao homem inclusive, a mudança de cor da pele é provocada por uma alteração reversível na distribuição de alguns pigmentos cutâneos. O rubor ou palidez que muitas vezes surgem no rosto, nada mais são do que uma simples manifestação de mimetismo, para dissimular uma emoção violenta.

Tais mudanças são inicialmente provocadas por estímulos exteriores devido à temperatura ou a transtornos emocionais (medo, ciume, amor, fome etc), controlados pelo sistema nervoso que atua diretamente, exceto em determinados casos, sobre os cromatóforos, células pigmentadas dos quais depende a cor da pele.

Os animais que se camuflam, fazem todo o possível para não incitar os que os cercam e para isso, a tática que muitas vezes é própria de seu organismo, consiste em se adaptar às cores ou às imagens das coisas que o cercam e, em certos casos, em imitar a aparência dos seres de quem desejam se esconder.

Sem dúvida, os virtuoses do mimetismo são os insetos. Pela sua condição de inferioridade em relação às outras espécies, pela maravilhosa e extensa gama de cores de que foram dotados pela natureza e por muitas outras razões biológicas, esses pequenos seres apresentam a mais incrível variedade de disfarces.

Entre os mais interessantes estão aqueles que imitam as flores, as folhas das árvores e outras partes dos vegetais, destacando-se entre eles, uma grande variedade de borboletas e certos exemplares da família dos **mantídios** e dos **fasmídeos**.

Esses insetos, geralmente longos e finos, às vezes sem asas, tem toda a aparência de um galhinho ou um ramo, ou apresentam no corpo, a forma e a cor das folhas.

A semelhança chega a tal ponto, que muitas vezes eles mesmo se enganam e não é raro acontecer de um comer as asas ou as patilhas de outro, sem perceber que está engulindo um companheiro.

Entre os casos mais comuns de simulação da cor entre os insetos está a "esperança", gafanhoto verde que vive nas pastagens, os grilos escuros que habitam os restolhos e algumas espécies de locusta (designação científica do gafanhoto) que quando voam, mostram as asas traseiras azuis e vermelhas e quando pousam dobram as asas por cima dos elitros e se camuflam como melhor lhes convém — na terra, são castanha; na areia tornam-se amareladas e sobre algumas rochas, ficam negras.

Outros insetos, particularmente algumas espécies originárias da Malásia, cultivam a arte de se fazer passar por flores. Nessa família há várias espécimes realmente demoníacos, como por exemplo o "expectro diabólico" que se encontra principalmente na África. Estão sempre de prontidão para a caça. A parte inferior de seu corpo se assemelha a um montículo de folhas mortas, do qual emerge na ponta de um comprido pecíolo, uma pétala de cor violeta pálido com os bordos rosados. Pétala e pecíolo não são mais do que bela arapuca sob a qual, a cabeça e as patas do inseto imitam a haste de uma orquídea balançando-se mansamente ao sabor do vento, enquanto espera a presa indefesa.

A chamada "traça-falcão", mariposa que, quando em repouso durante o dia, passa despercebida numa perfeita camuflagem, escondendo as asas traseiras sob as dianteiras se alguém a toca ou ela pressente algum perigo, levanta rapidamente as asas deixando à mostra as asas que movimentam suavemente para frente e para trás. O movimento e as cores brilhantes de suas asas traseiras, que se assemelham muito a olhos de animais, assusta terrivelmente seus inimigos naturais que fogem amendrontados.

A camuflagem entre as aves, tem características muito peculiares principalmente à grande variedade de cores e desenhos de sua plumagem que pode configurar toda a espécie de combinações cromáticas, o que lhes permite passar despercebidas aos seus inimigos, ou se aproximar da presa sem ser pressentida.

Um dos casos mais notáveis de mimetismo entre aves é o guacamáio, cuja brilhante plumagem verde, amarela e azul, faz com que possa dissimular com perfeição, entre a folhagem multicolor. Quando em repouso, o guacamáio permanece absolutamente imóvel e, embora pareça incrível aproveita a luz do sol refletida nas folhas vermelhas e castanhas das matas, para tornar suas cores semelhantes às dos vegetais, ficando assim praticamente invisível para seus inimigos ou vítimas.

As aves de cores sombrias também mimetizam facilmente no seu ambiente. A arenária que vive nas praias, das aves de cores mortiças é a que melhor se disfarça no seu ambiente. O mesmo acontece com o alcaravão, que se confunde facilmente com os galhos e as folhas de juncos onde habita. Além disso, quando percebe o perigo, essa ave usa o estratagema de se fingir de morta, largando-se no chão, com as pernas para cima, até passar a ameaça.

O chamado pássaro-sol da América Central é um caso extraordinário de mimetismo. Essa avezinha de longo pescoço lembrando um pouco a garça, quando pressente o inimigo, atira-se ao chão com as asas e causa abertas e o pescoço dobrado para trás, imitando perfeitamente a figura de uma serpente, dando além disso malhas escuras à sua plumagem, imitando o desenho da pele dos ofídios. E para que a imitação seja perfeita, ela balança a cabeça para frente e para trás deixando escapar silvos semelhantes aos das serpentes, enquanto seus inimigos fogem assustados.

Comum também é o caso das aves que "mudam de roupa" conforme a estação. Como a ptármiga, ave das regiões árticas que no verão ostentam uma plumagem parda, muito semelhante à folhagem das montanhas onde vive, mas no inverno muda sua plumagem para outra de branco puríssimo, confundindo facilmente com a neve.

Na beleza do Pantanal, inúmeras são as aves que na imaginação das pessoas possuem as "sete cores do arco iris". Na verdade elas não tem essas cores, já que não depende dos pigmentos de suas penas, senão da diferente refração da luz que, ao "pousar" na sua plumagem, faz suas inúmeras facetas refletir as mais variadas cores.

Assim, mesmo que os pigmentos sejam marrons, se refletirem raios vermelhos, as penas ostentarão essa cor; se refletirem o amarelo e o azul, a ave parecerá verde, o mesmo acontecendo com outras cores. Dessa maneira, elas se disfarçam perfeitamente de acordo com a paisagem que as cercam.

Entre os peixes então, o mimetismo tem características incríveis e pelo que parece, não há um só entre eles, que não possuem essa propriedade. Em geral, tem uma excepcional habilidade para se confundir com o fundo onde se encontra. O peixe gato, é cinzento, mas colocado num recipiente de paredes e fundos negros, em menos de três dias torna-se inteiramente negro. Colocado em outro, de paredes e fundos brancos, em poucos dias torna-se absolutamente branco, a ponto de se poder ver a cor do sangue através da sua pele.

O caso de mimetismo mais extraordinário entre peixes, é provavelmente o linguado. É tal a habilidade desses bichinhos em adquirir o aspecto do meio ambiente, que colocados num fundo com pedras escuras, em poucos dias surgem no seu corpo, manchas negras como as pedras.

Um cientista colocou vários linguados num tanque cujo fundo pintou como um tabuleiro de xadrez. Em menos de 70 horas, os linguados reproduziram fielmente na sua pele, os quadradinhos pretos e brancos. Mais tarde ele mudou o desenho em xadrês, para círculos, listas e losangos. Os linguados reproduziram o estampado com incrível precisão.

As serpentes exibem também uma variedade de mimetismo, entre outros motivos, pelas suas cores vivas que se confundem perfeitamente no ambiente em que vivem. É muito conhecido o caso das cobrinhas da água que tão facilmente imitam os ramos das árvores e das serpentes do deserto, que simulam muito bem, a cor da areia.

A terrível mamba-negra da África, é praticamente invisível entre os arbustos. A víbora de cabeça em forma de lança, das selvas da América Central, é mestre na arte da camuflagem sendo impossível percebê-la, quando se estende no chão à espera da vítima. O mesmo acontecendo com as nossas serpentes peçonhentas, cascavel, urutu, jararacussu e outras, feitas de cores e desenhos especialmente para "desaparecer" entre ramos e folhagens...

Assim, no eterno drama da luta pela vida, não só os camaleões – mas plantas, insetos, ofídios e até os da espécie humana por esperteza ou por instinto recorrem ao mimetismo para enganar seu perseguidor... ou sua vítima...

Fora da mata, na sede da fazenda, o falso camaleão dava ordens para que o homem-bagualhador fosse colocar sal no logrador (armadilha-curral) e juntar o sinuelo (gado manso), para ajudar na bagualhada (recorrer o baguá, gado selvagem).

Pena que o fazendeiro Esiário Diangio que mudava tanto de cores e tão rapidamente, não possuia a propriedade de adquirir também a cor do ambiente que o rodeava, ficaria bem mais fácil para enganar o gado e consequentemente prendê-lo...

O PADRE

O ideal seria navegar com piloteiro do próprio local em virtude das muitas corredeiras existentes, perigosas para quem não tinha muita prática naquele manancial fornecedor de surubim, pintado, jaú, dourado, pacu, jurupoca, piau, pavuçu.

Mas o espanhol expulso da Ordem dos Jesuitas e sua acompanhante Lemira preferiram navegar sem mais ninguém. Apenas a mulher amada e a pesada consciência acompanhavam o ex-padre naquele encontro com a natureza exuberante que a civilização ainda não havia modificado.

No balanço das ondas Perseu pôs-se a pensar na sua vida religiosa tão cheia de escândalos...

Seu colega de batina e melhor amigo, foi achado morto em pleno quarto de uma loira dançarina de cabaré, em Madrid. Em conseqüência disso a vida de Perseu tinha sido vasculhada de ponta a ponta e nela foram encontradas não suspeitas embaraçosas mas fatos concretos que indicavam: o padre espanhol fazia parte de um grupo de religiosos em busca de novidades espirituais e prazeres da carne.

A principal delas: uma investigação a respeito de desvios de milhares de pesetas do fundo da igreja onde cuidava, para os bolsos de uma mulher, sua conhecida.

E logo ele que era membro da Sagrada Congregação do Clero, a organização do Vaticano justamente encarregada de zelar pelas atividade e retidão moral dos sacerdotes católicos em todo o mundo.

Além do desvio para sua amante, vinha sendo acusado também de irregularidades em sucessivas reportagens num jornal espanhol até que um dia foi publicado páginas inteiras com os resultados das investigações. Entre outras falcatruas, o jornal acusava o padre de ter construído uma casa de veraneio para orgias rotuladas de pesquisas espirituais.

As acusações e as suspeitas foram recebidas com unânime repúdio pelo mundo católico espanhol. O próprio padre declarou-se "profundamente triste" com as acusações, ou "insinuações" como ele piedosamente as classificou, que seriam "errôneas e tragicamente dolorosas".

O padre Perseu acompanhava todas as investigações. Por ordens judiciais os registros financeiros da sua igreja foram transferidos para os promotores. O caso seria resolvido muito em breve. Como esclarecida também a natureza da relação entre o padre e a senhora envolvida, que ele classificava de "prima por afinidade".

Mas Perseu não esperou pelo fim do processo na Espanha. Sabia que muito mais coisas seriam descobertas. De início fugiu para os Estados Unidos, esteve no México em seguida indo para a Amazônia, onde pretendia erguer um centro de estudos científico-religiosos. Com as autoridades na sua pista o espanhol clandestino resolveu deslocar-se para o Pantanal onde havia mais calma a fim de desenvolver a contento suas pesquisas e projetos.

Com a cabeça cheia de religião e pesquisando toda maneira de entrar numa outra dimensão, estudava sem parar. Sua leitura principal a das apocalípticas profecias do mago Michel de Nostre Dame, o Nostradamus, formuladas há mais de 400 anos.

Dentro das profecias a que mais chamava a atenção do padre Perseu era, uma das predileções de Nostradamus, o enigma segundo o qual "o branco se tingiria de vermelho quando a rosa florescer"...

Perseu tentava decifrar os escritos do mago francês, tão cheio de desgraças, como a que indicava que a Rússia invadirá a Europa e Paris ficará em ruinas. E ali na colonia científica-espiritual que pretendia organizar no Pantanal esperaria até o fim do mundo que segundo Nostradamus se dará em 1999.

Mas a verdade uma só, os estudos de Perseu estavam sempre rodeados de tóxicos, mulheres e muito dinheiro. E agora contrabando...

Sob o melancólico pio do jaó, colhereiros, garças e baguaris pescavam sossegadamente diante das mandíbulas do jacaré que esperava aves doentes sem chances de salvamento, caírem de seus ninhos, nos galhos que pendiam sobre o rio. Forma interessante de ser mantida a ordem na natureza.

Os rios que deveriam conter dourado, pacupeba, piraputanga, pacu, naquele trecho estavam transformados em armadilhas mortais devido ao excessivo número de piranhas. os caçadores profissionais aniquilavam os jacarés como se estes fossem pragas, quando na verdade eram controladores na natureza; únicos inimigos dos vorazes peixes. Eliminado o controle natural, o número de piranhas se tornaram consideravelmente maior no Pantanal.

O útil jacaré, entre outras serventias, é lixeiro ambiental. Trator da região com seu corpanzil, o perito em funções ecológicas, abre sulcos na terra formando canais por onde escoam as águas paradas, além de devorar carnes apodrecidas. Agindo como as lontras, e as garças, o jacaré prefere peixes doentes, impedindo a propagação de epidemias. Faz de suas fezes alimento para peixes e é defensor de pequenos peixes perseguidos pois as vítimas dele se aproximam e o jacaré invariavelmente só abocanha o atacante.

Nenhum animal é danoso desde que exista controle na natureza. Piranhas e jacarés, úteis limpadores, podem existir juntos nas proporções estabelecidas pela natureza, porém não ali, onde o homem combatia apenas o fornecedor de couro.

Não muito longe a capivara que brincava com seus filhos refugiou-se com a chegada do barco, reaparecendo na outra margem do rio enquanto os filhotes permaneciam sob o aguapé, apenas com o focinho de fora.

O espanhol Perseu pilotando o barco não estranhava o movimento, não era tão recruta assim. Tinha vindo da

Amazônia, em plena selva, onde a fauna, a flora e o clima da região tinham características de área de floresta e diferentes do Pantanal.

A vegetação mais densa, porém com a mesma quantidade de animais e pássaros. O ex-padre não atravessara corixos para estar ali. Tinha percorrido os rios Teles Pires, Peixoto de Azevedo, Nhandu, em cujas margens viam-se com fartura pacas, capivaras e até onças. Rios viveiros, que abrigavam piraibas com mais de 150 quilos, tucunaré, bicudas, filhotes, matrinchãs...

Lemira olhava para cima atraída pelo belo vôo do gavião casaco-de-couro, hábil caçador de rãs que vivem nos banhados e corixos. O mais bravo inimigo de gafanhotos voava a procura também de pequenos répteis ou roedores. O sol batia na plumagem do grande gavião destacando a sua cor de ferrugem.

No barco mesmo o espanhol passou parte de sua pesquisa para a acompanhante: pequena porção de cogumelo alucinógeno. Que imediatamente foi aceita pela moça e ingerido.

Não demorou para Lemira ficar presa de incompreensível delírio, provocado pelo sagrado vegetal. Sofreu violenta convulsão e passou a ver os objetos que apresentavam formas horrendas em composições surrealistas. Tudo em sua volta se movia lentamente dentro de tonalidade verde-vivo.

Perseu já tinha previnido a jovem de que a droga possuia o miraculoso poder de provocar visões num universo onde predominava essa cor, atribuida ao planeta Vênus. Era Lemira participando da arte sagrada dos maias, dos incas.

A jovem entrou em transe. Batia com as mãos fortemente, selvagem, e dizia coisas incompreensíveis. Seus dedos executavam sinais mágicos evocando espíritos. Suas reações iam rapidamente da euforia à depressão. Chorava e ria, ficava assustada, quando se via entre uma briga da acauã com a boipeva. Logo em seguida calma, extasiada com o que presenciava: milhares de colibris no espaço, tão pertinho dela.

A memória adquiria prodigioso poder de ressucitar fatos definitivamente esquecidos. O delírio sagrado levava-a a descobrir segredos e tentar desenhar no ar, querendo explicar a visão que estava tendo. Tudo dentro do universo colorido provocado pela **psilobina** tendo como predominante a cor verde. Verde, só verde em tudo que via...

O efeito causado pela pequena porção de cogumelo transportava-a a um mundo desconhecido, assim como fazia surpreendentes revelações. Encontrava-se agora com os amigos desaparecidos, "Malavéia", "Pódepurga" e "Ratopardo". Os rapazes lutavam na verde escuridão contra um vulto gigantesco, indefinido, comprido, como se todos estivessem rolando dentro de um túnel...

Estavam chegando e Perseu forçava a moça a acordar do sonho real produzido pela droga. Apoiando Lemira, Perseu desligou o motor do barco.

Melhor seria ter vindo com a silenciosa zinga, uma vara longa que, enfiada no leito das águas impulsiona as embarcações.

A água clara próxima ao barranco convidava a tirar os calçados e pular, mas bem poderiam encontrar arraias que vivem nas rasuras, achatadas contra o fundo arenoso, quietas e prontas a ferrotear os pés descalços causando dolorosos ferimentos.

Afastou as malhas tecidas pelo vegetal navalha-de-mico e os fortes espinhos da japecanga.

Tudo em volta, silencioso. Ali pelo menos não havia ainda o sinal de civilização. As imensas manchas de terra calcinada pelas queimadas – muitas vezes a fumaça era tanta já no Pantanal, que os aviões ficavam retidos no solo por um ou dois dias.

Ao descer do barco com Lemira ainda tonta pelo efeito do cogumelo, o ex-sacerdote achou o local ideal para começar a lançar o uso do "Santo Dáime", da Amazônia, um outro alucinógeno, só que líquido, largamente consumido na região do Acre e até então desconhecido no Pantanal. Faria prosélitos da nova seita e procuraria tirar proveito. Através da religião lançada iria fazer com que todos os adeptos procurassem ouro para ele. Além de diamantes e pedras semipreciosas.

O "Dáime" tinha sido introduzido no Acre por seringueiros que atuavam nas fronteiras. Denominação que os acreanos deram ao alucinógeno extraído do cipó amazônico mariri e das folhas do arbusto conhecido como chacrona, uma planta (de nome científico **Paychotria viridis)** da região. O mariri era o mesmo cipó **(Banesteria caapi)** que o índio pantaneiro Cangas chamava de jagube, para suas alucinações. Da infusão e prensagem de ambas se chegava a uma beberagem que os incas já conheciam pelo nome de **ayahuasca** – expressão quíchua que significa literalmente "vinha das almas". Para os brasileiros passou a ser simplesmente uasca.

Os moradores do lugarejo a beira-rio receberam bem os visitantes que por formarem belo casal, jovens e saudáveis, representavam para eles um bom presságio.

Chegavam em momento oportuno como aviso do céu. O sol estava forte. Logo foram convidados para descansar numa das cabanas que formavam a aldeia de pescadores e justamente no local onde tinha nascido uma criança. Segundo o costume do lugar haviam depositado sobre o pequeno corpo um cipó em forma de cruz para soltar os intestinos que estavam "entupidos".

Fazia tempo que o "dotô" não aparecia por ali com explicações para tudo: – Ferimento de prego no pé, é só encostar toicinho chiado na vela. – Não é preciso dizer como sofria o paciente! Para outros receitava: – Contra bronquite, chá de poáia. Prá sarampo chá de sabugueiro, e pintar as pálpebras do menino com raiz de açafrão prá o sarampo não atacar também os olhos, é bom...

Mais contentes ainda ficaram os anfitriões quando souberam que o recém-chegado era padre. Convidaram-no imediatamente para o batismo; com o alerta da mais velha das moradoras, que puxava um trago de mate na cuia:

– Se a criança morrê sem recebê batismo até o sétimo dia, vira morcego e, noite arta vem chupá os peito da mãe...

Tinha sido o primeiro parto e para os pescadores, a fim de que a mãe não sofresse nada na primeira vez, o marido teve de ficar de cócoras num canto da casa proferindo a oração:

– Abra a porta, Juraci, que o menino qué saí...

Foi o bastante para Perseu notar que aquela pobre gente simples e supersticiosa seria presa fácil para seus intentos.

O que o ex-sacerdote não previra, outra crendice pantaneira. Foi quando uma velhota com a perna enrolada para proteger a ferida brava, falou baixinho para a vizinha:

– Óia o caroço duro que tá nascendo na testa desse vivente. Logo todu mundo vai sabê que a muié deli anda na maió senvergonhice...

A tralha toda do casal, composta de longas camisolas verdes e brancas, ramas de cipós, vasilhas de barro, até a bolsa — pequeno pacote de maconha e a marica, caixa de fósforo vazia adaptada para fumar o tóxico — foi recolhida do barco, quando a ave de bico fino, comprido e curvo, destruidora de todas as pragas das invernadas, inclusive combatente de serpentes, começou a cantar.

Grande meteorologista das matas pantaneiras, se a curicaca começava a cantar vinha chuva na certa.

A aldeia, composta de apenas uma rua onde os ranchos e as casotas mantinham como coberturas folhas de indaiá, buriti, uacari. Algumas com pindoba, uauaçu e até capim-redondo.

Perseu foi juntando num canto da tapera, a maior delas, forrada de sapé, com muito cuidado o seu material para a estréia. Seria o tão esperado lançamento naquelas paragens desertas, da bebida que o espanhol tanto falara aos pescadores. Não cansava de divulgar as qualidades da mistura dos vegetais muito usada nas cerimônias religiosas pelos índios da Amazônia peruana desde os tempos ancestrais do Império Inca. Preparado que provocava sonhos tão reais, como se a pessoa vivesse aqueles momentos de paz, bem estar e tranqüilidade.

Enquanto descansavam um pouco na rede, o ex-padre ia relatando aos presentes o que era a nova seita que ele pretendia difundir chamando-a ora de "União do Vegetal", ora, de "Santo Dáime".

Os pescadores foram retirando os balaios contendo pacupeva, curimatã, pescada, tambuatá, acari, jeju, aracu-rajado...

Candidatos para experimentar a uasca não faltaram. Na verdade todos queriam tomar a bebida; estavam ansiosos para sentir os efeitos místicos e espirituais do mágico líquido transportador para outras dimensões. Mas somente alguns poucos foram selecionados pelo espanhol.

A sessão para os iniciantes tinha que ser bem apresentada, muito bem feita para não furar o esquema montado pelo ambicioso religioso. E pior que não havia templo apropriado. O ambiente, o mais improvisado possível.

Da mesma forma como tinham sido suas experiências com indígenas e mestiços quando consumiam o **peiotl** ou **mescal**, um cacto alucinógeno que nasce na planície árida entre o sudeste dos Estados Unidos e o México. Perseu tinha fome de magia.

O ex-páraco pediu que todos os participantes trocassem suas roupas, vestindo as longas camisolas brancas abotoadas na frente. Tinha que ser o tecido sobre a pele nua, nada mais. O espanhol e Lemira foram os únicos a usar túnicas verdes. E Perseu permaneceu com a grossa corrente de prata no pescoço onde pendia um crucifíxo.

Dali em diante passaria a ser "Mestre Perseu". Sentou todos que queriam sentir a nova sensação, em semi-círculos opostos. No centro, duas mesas juntas, tendo em cima o pote de barro contendo o líquido já preparado. Ao lado canecas comuns, que tinham sido coletadas nos vários barracos rudes.

Embora fosse a maior cabana da aldeia, estava apertada; o ar rarefeito, sufocante devido ao calor e cheiro dos corpos suados pelo natural nervosismo, foi quando o "Mestre Perseu" apresentou a bebida e falou mais um pouco sobre as virtudes dela e origens.

Iniciou a prece de onde vinha o nome:

— Senhor **dái-me** luz, amor e paz...

Em seguida os presentes se levantaram. Todos passaram em fila pelo pote e encheram a pequena caneca. Alguns apanhavam também pedaços de frutas ou balas, pois a bebida apresentava um gosto muito forte e amargo. Aguardavam a ordem do "Mestre". Feito o sinal convencional, todos tomaram depressa, por causa do gosto ruim. Voltaram para seus lugares acomodando-se da melhor maneira pois a "viagem" ia durar umas 4 horas.

Como a uasca leva uns 20 minutos para fazer efeito, o "Mestre" passou perto de um por um, vendo se estava tudo bem e perguntando:

— **Usted tiene la luz?**

Uns saiam para vomitar, outros para beber água. Alguns responderam que sim. Inclusive Lemira ainda meio dopada pelo cogumelo e que tomava a droga pela primeira vez. Chegava a "borracheira", como os adeptos chamam o estado alucinatório. As luzes dentro de suas cabeças anunciavam que tinha começado as impressões de "viagem", muito introspectiva, variando de pessoa para pessoa. O "Mestre" foi o último a tomar a grossa beberagem.

Os pensamentos passaram a ganhar incríveis dimensões

dentro de sensação física reconfortante, gostosa. Todos passaram a ter uma situação confortável, de extremo bem-estar como se flutuassem rumo ao desconhecido.

Para alguns, vinham cenas da infância: sendo ninados, colocados no berço sob o canto da mãe. Outros viam pássaros de estranhas plumagens num adorável paraíso. Tudo, envolto em paz, silêncio e beleza. Para outros a impressão, de estar entrando por dentro de enormes flores como coloridas cavernas magnificamente lindas, descobrindo seus segredos interiores.

Para o ex-padre Perseu, agora "Mestre Perseu", veio a imagem real da lendária Eldorado — região cheia de ouro e tesouros que os antigos relatos localizavam entre o Amazonas e o Orinoco. Perseu encontrava-se naquela região na mesma época em que os espanhóis chegaram.

Tempo da lenda do Eldorado, cuja origem é atribuída a uma cerimônia dos índios chibchas, da Colômbia, durante a qual o cacique banhava o corpo recoberto com pó de ouro no sagrado lago da Guatavita.

Ali estava perseu, no ano de 1520, com seus conterrâneos na maior nitidez. Como se tivesse realmente vivendo naquela época. Ano em que o conquistador Hernán Cortez regressou à Espanha exibindo presentes recebidos no México do poderoso Montezuma, entre os quais despontavam "um disco de ouro na forma do sol, tão grande como uma roda de carroça, outro grande disco de prata na forma da lua, brilhando espetacularmente, vinte pássaros aquáticos de ouro, em fino artesanato"...

Outros episódios históricos surgiram. Neles sempre a presença do ex-padre. Entrava agora em 1537, junto de uma expedição espanhola chefiada pelo conquistador Gonzalo Jimenez de Quesada, que partindo da Venezuela pilhou uma povoação chibcha, cujas casas de madeira, eram quase todas cobertas de finas placas de ouro. Muitas das famílias locais, além disso, possuiam coleções particulares de ouro em pó. Coincidentemente, seu chefe, alojado numa casa revestida de esmeralda, banhava-se em determinado dia do ano, no vizinho lago Guatavita, com o corpo recoberto de pó de ouro.

Todas as riquezas aprezadas por Quesada haviam sido adquiridas pelos chibchas através do comércio ou da guerra. Seu valor incalculável. Perseu agora fazendo parte das tropas invasoras espanholas passava a mão no ouro, ávido de cobiça...

Fora da abafada cabana onde todos pareciam sorrir indiferentes ao calor, o socó-boi mugia como gado, dai seu nome. Apesar do som singular para a ave de seu porte, o barulho produzido, o canto de amor que o macho dirigia a fêmea, para demonstrar todo o seu afeto...

Inconsciente Perseu parecia entender o canto da ave. Era chegado o momento esperado. A hora de possuir a "princesa". Em transe o ex-padre aproximou-se de Lemira. A jovem "índia" como que advinhando levantou-se do banco, sorrindo, com os olhos semi-cerrados pelos longos cílios negros, esperando pelo conquistador espanhol. Foi então carregada e colocada deitada sobre a mesa na forma de altar. Perseu beijou os cabelos negros de Lemira descendo para os lindos olhos verdes agora regalados como duas enormes esmeraldas, até chegar nos carnudos e rubros lábios mostrando um rosário de brancos dentes.

Como se tivesse instruída e preparada para aquele momento, Lemira foi desabotoando a túnica verde vagarosamente de cima em baixo num ensaiado **strip-teaser.** Primeiro foram seus formosos seios que saltaram, logo surgiu a barriguinha delicada anunciando maravilhosas coxas morenas. A moça dobrou a camisola e fez dela um travesseiro onde apoiou os cabelos soltos, ao deitar-se sobre a mesa. Estática ficou a espera. Linda, nua, diante de todos aqueles estranhos na rústica cabana.

Na sua frente colocou-se de pé o "Mestre". Perseu desabotoou rapidamente a túnica verde que vestia, deixando-a cair sobre os pés. Nu, apenas portanto a corrente de prata e o crucifíxo no pescoço, brilhando por uma faixa de sol que entrava no barraco pelo telhado mal juntado.

Ainda de pé, levemente arcado, beijou a face de Lemira como que despertando aquelle corpo jovem. A moça extremeceu ligeiramente e pôs-se a sorrir. Suas mãos tateavam na penumbra do barraco, a procura de alguma coisa para completar o prazer que estava sentindo. Perseu permanecia de pé agora com as duas mãos passando no corpo moreno, como dedilhando um piano. Lemira no toque do homem voltou a estremecer. Tremia de cima embaixo. Gemia e contorcia-se feito serpente. Suspirava procurando a boca de Perseu que permanecia manejando as mãos desesperadamente. Uma ia de barriga da perna às coxas, enquanto a outra acariciava um dos seios de Lemira.

As mesas reunidas formavam altar um tanto baixo. O ex-sacerdote puxou o corpo da moça até que suas pernas caissem. Perseu baixou-se e passou a beijar freneticamente as coxas de Lemira, em seguida subindo sua língua enquanto a moça levantou as pernas e apertou a cabeça do espanhol no lugar que ela queria.

O ex-padre parecia um autômato fungando em baixo dos poucos pelos da jovem, até que dando salto rápido pulou para cima da mesa. Lemira pressentindo levantou e abriu o mais que poude as pernas, dobrando-as para que ficassem os joelhos na altura do rosto, puxando a "espada do conquistador espanhol" para junto de seu corpo. Furiosamente o homem passou a subir e descer sobre a mulher que gemia, mordia e arranhava...

Lemira, a "Pérola do Pantanal", tinha sido possuida na mais humilde cabana e na frente de várias pessoas desconhecidas que procuravam o mistério divino. Os gemidos foram cessando. E chegando os suspiros; novo beijo na boca selou aquele encontro estranho, enquanto os caboclos, homens e mulheres alheios a tudo, murmuravam canções desconhecidas para eles próprios.

Além da Amazônia, mais precisamente na área do Pantanal, nova conquista espanhola tinha sido realizada...

No reboliço, vasilha e canecas tinham caido da mesa. Nada mais continham. Todos haviam bebido até a última gota daquele chá grosso, de gosto horrível na boca, mas suave no espírito.

Aos poucos os efeitos das "mirações" (nome pelo qual são conhecidas as visões pela uasca), foram passando. Homens e mulheres trocaram suas longas camisolas brancas em silêncio e acanhados iam abandonando o sufocante recinto. Saiam ainda meio estonteados.

Perseu dobrou sua túnica e a de Lemira. Nessa última uma mancha de sangue sobressaia no verde do tecido. A tralha foi recolhida e embalada para a próxima oportunidade que seria logo.

Alguns tiveram sensações desagradáveis e até terroríficas, que o "Mestre Perseu" explicou ser a "péia" — como uma purgação por culpas recentes ou de encarnações anteriores...

Mais um local que por certo a nova seita pegaria. Mas o espanhol só não alertou que o uso constante da droga era fator de alienação. Causava esgotamento nervoso, depressão e à alguns levaria a períodos de loucura...

Na despedida "Mestre Perseu" deixou aos discípulos adeptos do "Santo Dáime" (uasca) um pouco da erva de Santa Maria (maconha) para que todos fossem fumando a "rainha da floresta" até a passagem das próximas 15 luas, quando então "Mestre" voltaria acompanhada de Lemira, para novas "mirações" no caminho mágico-religioso...

O piloto acelerava o motor. Peixes dos mais diversos acompanhavam o barco a motor denominado na região, de avoadeira. Já estavam "voando" há algum tempo porque Lemira alegou pressa devido ao temporal anunciado pela curicaca.

O que não demorou a acontecer e furiosamente.

Pararam imediatamente com medo de raio que o barco em movimento poderia atrair e para evitar mais dois perigos: os bancos de areia que não enxergavam na chuva e as ondas de meio metro a mais de altura que em ocasiões de ventos fortes e constantes encrespam a superfície dos rios. Os chamados banzeiros, que fazem virar as avoadeiras.

Na beira do rio improvisaram uma barraca, jogando pedaço de plástico sob pequena árvore. Apesar da forte chuva a paisagem, linda e repousante, oferecendo sensação de solidão agradável. Pareciam estar num paraíso.

O calor sobre a relva guarnecida de plástico fazia novo convite para os dois. Anunciava o cair da tarde e os corpos novamente se juntaram. Só que desta vez sem tóxico.

Rápido como veio, o temporal partiu.

Os dois contemplavam o firmamento azul, as nuvens que corriam, a folhagem lustrosa e os troncos brancos das pindaíbas, a copa dos ipês, as palmas dos buritis...

Quase iam dormindo se não fosse o fato de uma arara-azul que saia de um forte tronco, assustar o casal. A ave quase toda azul tendo apenas a cara amarela, perdeu-se no horizonte misturando com o pouco que ainda existia de azul-claro no céu.

Logo seria o grito aflito da zabelê, as chorosas notas do bacurau a cruzar os ares antes que a noite chegasse...

O JORNALISTA

Sabe-se que as mais antigas notícias sobre a fauna sulamericana foram registradas por Cristóvam Colombo. O descobridor, depois de ter-se referido à exuberante vegetação escreveu que "há nesta terra animais de todos os tamanhos e bem diferentes dos que se vêem em nossos climas".

A seguir, Pero Vaz de Caminha, escrivão da armada comandada por Pedro Alvares Cabral, em memorável carta dirigida ao venturoso D. Manuel, fez numerosas referências as aves, principalmente papagaios. Fez também registro de outros animais, incluindo peixes e camarões.

Como não poderia deixar de ser, os antigos escritores referiram-se aos animais atribuindo-lhes nomes europeus. Com isso trouxeram sérias dificuldades para os pesquisadores que pretenderam identificar os animais registrados.

Algumas denominações portuguesas à animais do Brasil podem ser tidas como felizes ou adequadas. Outras porém, foram bastante inadequadas, e mesmo assim, infelizmente, ficaram perpetuadas pelo povo.

O termo raposa, por exemplo, designa um conhecido

canídeo do Velho Mundo, animal de fábulas e do folclore europeu. Pois os primeiros colonos atribuiram o mesmo nome a diversos canídeos da fauna indígena em virtude de sua semelhança com a espécie da Europa. Esses canídeos são, porém, mais comumente referidos como cachorros-do-mato.

Uma designação seguramente imprópria ocorreu com o gambá, que os primeiros colonizadores passaram a chamar também de raposa. E a denominação errada chegou até os nossos dias. Parece, mesmo que os mamíferos que com mais freqüência o povo chama de raposas são os gambás...

Por essa razão, tanto o brasileiro "Tenente Xaréu" como o italiaño Gregório, encontraram o animal no caminho e o estavam chamando pelo nome errado. Para eles não importava o nome correto. Se raposa ou gambá, a ordem era capturar tudo que andasse ou rastejasse, tinha valor. Depois a caboclada ia selecionar e dar nome certo.

A particularidade mais notável desses animais, os gambás, reside na posse, pelas fêmeas, de uma bolsa cutânea na região ventral, na qual os filhotes completam o desenvolvimento. Esse detalhe anatômico-fisiológico obrigou os cientístas a colocarem os gambás em subclasse especial, separando-os, pois da totalidade dos mamais.

A reprodução dos gambás mereceu a atenção de vários autores, graças aos quais sabe-se que os filhotes vem a luz num estado ainda insipiente ou prematuro, parecendo embriões, mas com força para atingirem a bolsa ou marsúpio materno, onde permanecem por mais de dois meses. No interior da bolsa as 13 tetas (número médio) da fêmea. Caso os filhotes excedam esse número, alguns perecem por falta de alimentação. É que os gambazinhos se prendem às tetas e delas não mais se afastam até esgotar aquele período de dois meses, ocorrendo mesmo uma união dos lábios com a teta.

Ao se retirar um filhote bruscamente, facilmente se arranca também a teta.

Mas nenhum dos homens que caçavam tinham o devido cuidado. E nem mesmo queriam saber que uma face útil da atividade do gambá é o ofiofagismo, isto é, a inclinação do animal para devorar serpentes, inclusive as mais perigosas. Os gambás resistem impunemente às picadas de jararacas, que atacam com violência e devoram...

Ao ex-jornalista italiano, Gregório, o Greg, coube a tarefa de aprisionar o maior número de aves, animais, peixes e insetos, para exportação da quadrilha. Principalmente o mais procurado deles: o jacaré, ágil dentro da água e tão desajeitado fora dela. Do qual morto, só aproveitavam as laterais do tronco — o "colete" como chamam os pantaneiros.

O resto dos jacarés, que são os répteis mais evoluidos da atualidade, jogados fora. Algumas vezes de maneira mais revoltante ainda, mortos apenas para que se tirassem pequeno naco de carne servindo de isca no anzol das pescarias.

Os primeiros répteis surgiram na face da Terra, há milhões de anos. As cobras, os lagartos, as tartarugas e os jacarés são remanescentes dessa fauna exuberante, que teve os seus dias de grandeza e predomínio na Era Mesozóica; esta foi por isso, chamada "idade dos répteis".

Os representantes atuais da grande classe reptiliana não podem dar, senão vagamente uma idéia das formas gigantes que os precederam, algumas delas pesando muitas toneladas...

Naquela noite o "Tenente Xaréu" faria com Greg, uma "rodada de farolete" — navegar silenciosamente onde os bichos, principalmente na seca, circulam no escuro nas margens dos rios. Matariam antas, capivaras, veados, tamanduás, onças e muitos jacarés...

No caminho Greg foi contando ao chefe vários aspectos de sua vida e o que pretendia depois de rico, no Pantanal.

Era nascido na Itália e filho só de pai italiano. A mãe palestina e ele se considerava como tal. Greg jurara para a mãe que haveria de arranjar um lugar para seu povo errante depois que os judeus os expulsaram ao criarem Israel. E pensava até num prazo não muito longo, transferir a sede da OLP — Organização de Libertação da Palestina para o... Pantanal.

— O Estado de Israel é uma criação artificial, às custas da população palestina, destinada a dividir os países árabes e representar os interesses do Ocidente na região... — Disse o ítalo-palestino Greg.

O "Tenente Xaréu", ouvia com atenção o desabafo do companheiro de jornada que tentava solucionar em plena mata brasileira o insolúvel drama do Oriente Médio.

— Nós não pedimos a lua. Pedimos apenas que se respeite

a legalidade internacional e que reparem as injustiças e os crimes cometidos contra os palestinos... **Capito?**

O baiano mastigou o charuto, coçou a barba grande e preta pensando no problema que teria, já que o outro homem de confiança, o judeu-francês Michelin parecia ter o mesmo ideal só que ao contrário: pretendia levar ao Pantanal, um novo Estado de Israel mais amplo e mais moderno que o atual. Quiz testar até onde ia o ítalo-palestino.

— Mas os israelenses pedem a mesma coisa. Pelo menos é o que pensa nosso companheiro Michelin, sobreviver como nação e como Estado independente.

— **Ma como.** Isso é brincadeira... Os judeus já deixaram bem claro que possuem 23 bombas atômicas construidas — uma para cada capital árabe!... Israel é o único país da ONU que não tem um mapa com fronteiras oficiais. Além disso, é o único país criado por uma resolução da ONU. Foi criado artificialmente, pois não havia uma população israelense na Palestina antes de 1947. Eles tiraram minha raça de lá para se colocarem.

O "Tenente Xaréu" não estava nem um pouco interessado no drama internacional. Dava corda para saber até onde ia seu comandado, já que Greg e Michelin "não amarravam o cavalo no mesmo pau". Tinham planos diferentes e desunião de seus homens do primeiro escalão, não agradava ao baiano. Greg indiferente prosseguia:

— O Brasil também não ficou sob ocupação portuguesa para sempre, não foi? Porque vocês, brasileiros, resistiram e conquistaram a liberdade? Nós estamos resistindo porque, de acordo com a Carta das Nações Unidas, temos direito de resistir por todos os meios. **Capito?**

O baiano mascava o charuto e escutava.

— **Lei no conoce, ma** a realidade é que Israel continua perseguindo os palestinos que não foram expulsos dali. Provoca atentados contra prefeitos palestinos, expulsa a cada dia os líderes das comunidades palestinas dos territórios ocupados, oprime nas prisões nossos irmãos.

— Qual a sua opinião sobre o povo judeu em geral — Quiz saber o "Tenente Xaréu" para ver até onde poderia contar com os dois homens de confiança que juntos jamais poderiam operar a contento. E naquelas matas isoladas, o ambiente era ideal para um desaparecer com o outro.

— Nós — respondeu Greg — temos consciência de que o judaismo, o cristianismo e o islamismo fazem parte da nossa herança cultural e histórica. Por isso imaginamos a solução do Estado democrático onde os três povos pudessem conviver em igualdades de condições. Mas a idéia foi rejeitada pelos dirigentes israelenses, que meteram na cabeça que deveriam construir um império no Oriente Médio. **Lei** sabe que por cinco anos havia na entrada do Knesset — o parlamento israelense — uma inscrição que dizia: "A Terra de Israel vai do Eufrates ao Nilo". E **lei** sabe qual o significado daquelas duas faixas azuis na bandeira de Israel? São os dois rios, Eufrates e Nilo, e no meio deles os israelenses sonham com uma única coisa: expansionismo, novas ocupações...

Nem o silêncio do "Tenente Xaréu", que pensava na melhor maneira de conciliar os idealistas, aproveitar seus homens sem choques ideológicos, fez Greg parar:

— Usamos armas mas eu pessoalmente acho que a palavra ainda é mais forte do que o revólver. **Lei** sabe como nós palestinos enfrentamos uma outra ocupação da Palestina, a dos romanos, há 2000 anos? Nós mandamos à Roma um homem, o pescador e apóstolo Pedro, que se tornou o primeiro papa sucessor de Jesus Cristo. E com sua palavra ele ocupou não só Roma mas também os corações de milhões de pessoas em todo mundo...

Estavam no local desejado para a "rodada de farolete" na beira do rio, e o "Tenente Xaréu" quiz encurtar o assunto:

— Como é possível conciliar as duas coisas, numa mão carregando um ramo de oliveira, da paz, e na outra um fuzil?

— **Lei** não ouviu falar? Cristo deu o exemplo. Quando foi necessário ele soube entrar no templo para expulsar os mercadores. É a mesma coisa. O Messias deu o exemplo da palavra e do chicote. Dependendo da situação, estendo o ramo de oliveira ou o fuzil. Dou a mão ou saco o revólver e mando bala!... **Capito?**

O "Tenente Xaréu" deu-se por satisfeito no melindroso assunto já que cada um de seus homens, o ítalo-palestino e o judeu-francês puxavam a sardinha para brazeiros opostos e o Estado judeu dificilmente desapareceria para dar lugar a um Estado palestino, novamente...

Foi a vez do baiano falar não deixando espaço para o companheiro.

Greg ficou sabendo através do chefe baiano, enquanto corriam os faroletes pela beira do rio, que existiu no Brasil uma das mais diversificadas coleções de animais nativos do planeta, estimada em 5000 espécies. O Pantanal era dos maiores redutos, embora já bastante desfalcado.

Em poucos meses de operação na região, acumularam milhares de peles e outro tanto de couros. Tinham aprisionado também enorme quantidade de mamíferos, aves, répteis e insetos em vias de extinção. O "Tenente Xaréu" comandava Greg que por sua vez orientava um grupo de homens que estavam resolvidos a perseguir e acabar com a vida no Pantanal. Vasculhavam campos e matas fechadas, percorriam todos os rios, grandes e pequenos, principalmente o São Lourenço, o Taquari, o Cuiabá, o Paraguai. Além do Cassange, Coqueiro, Alegre, Capivari, Negro. Os homens não perdoavam corixos — pequenos braços de rios — nem lagoas...

De mamiferos, em enormes jaulas no departamento transformado em grande prisão viam-se uacari-branco, uacari-vermelho, uacari-de-cabeça preta, cuxiu-de-nariz branco, guariba, mono, calimico, sagui-da-serra, sagui-piranga, mico-leão-da-cara dourada, mico leão-preto, lobo-guará, cachorro-do-mato-de-orelha curta, cachorro do mato-vinagre, onça-pintada, ariranha, doninha, lontra, tatu-bola, tatu-canastra, preguiça-de-coleira, tamanduá-bandeira, peixe-boi, ouriço-preto, cervo-do-pantanal, veado-campeiro, veado-campeiro-Leucogaster...

De aves: macuco, inhambu, jaó, zabelê, socó-boi, guará, flamingo, ganso-cor-de-rosa, pato-mergulhador, gavião-pomba, gavião-de-penacho, gavião-real, gavião-preto, apacanim, gavião-pega-macaco, mutum, mutum-pinima, jacu-guaçu, jacutinga, rolinha, pomba-de-espelho, jacú-verde, arara-cinza-azulada, arara-azul, ararinha-azul, tiriba, papagaio-de-peito-roxo, chauá, chorão, cuiu-cuiu, papagainho, beija-flor de Dohrn, beija-flor-de orelha azul, beija-flor-de-gravata vermelha, beija-flor-de-rabo redondo, choquinha, papa-formiga, galo-da-serra, creojá, cotinga, anambé-vermelho, pavi, araponga, ema, siriema, sabiá-castanha, pintor-verdadeiro, bicudo, pintassilgo, tucano...

Peixes tinham: aprisionados em tanques especiais, pirarucu, piraiba, pirapitinga, filhote, tucunaré, matrinchã, pintado, fidalgo, corvina, barbado e outros. Além do mamífero boto que eles chamavam de peixe.

Dos répteis iam das várias espécies de tartarugas, aos tipos de jacarés, como tinga, papo-amarelo, jacaré-de-óculos, açu. Insetos dos mais diversos, sendo mais perseguidas, todas as borboletas que viam...

Greg chegara nervoso naquele dia. Primeiro porque estava gostando de Lemira que não saia de sua cabeça e o ex-padre Perseu o atrapalhava. Já vira os dois se agarrando e beijando escandalosamente mas nem por isso a moça deixava de dar esperanças ao ex-jornalista. Sorria sempre para Greg e o olhava maliciosamente. O mesmo olhar que a mãe Eva dispensava a todos os homens, menos ao bugre Cangas.

Precisava tirar o ex-sacerdote da jogada, mas como fazer sem deixar pistas? Ninguém do bando poderia ter a mais leve suspeita de suas intenções de eliminar o espanhol...

Se fosse com o judeu beberrão a coisa seria mais fácil, colocaria chumbo em sua bebida e ninguém perceberia. Forma tão velha que vários importantes romanos do passado haviam morrido por usarem o metal em seu cardápio.

O imperador Cláudio mancava, sofria de lapsos de memória, enrolava a língua ao falar e babava. Sempre e atribuiu esses males a algum defeito de nascença ou a um acidente na infância. Mas agora, estudo recente apresenta novo diagnóstico. Cláudio sofria de um envenenamento pelo consumo de comidas e bebidas contaminadas por chumbo. E como ele, também atacados pelo mal os imperadores Nero e Calígula além de boa parte da elite romana do período.

Essa alta classe no tempo em que Cláudio reinava sobre Roma, no século 1 da época cristã, sofria de uma forma de gota que tem como causa a ingestão de chumbo. A gota era molestia comuníssima na Roma antiga. A doença vinha acompanhada de sintomas como entorpecimento, insônia, problemas gástricos e prisão de ventre, todos provocados por consumo de chumbo. E não havia como evitar o metal e suas consequências no organismo.

Comerciantes inescrupulosos juntavam chumbo em pó à pimenta, para aumentar-lhe o peso. Os alimentos, cozidos em panelas de cuja liga esse metal fazia parte. E para acentuar a cor e o **bouquet** do vinho, os romanos adicionavam à bebida um xarope de uvas preparado em cuias de chumbo. Uma só colherinha desse xarope bastaria para provocar um envenenamento crônico e os romanos consumiam bem mais do que isso, pois bebiam muito.

Os mais bem postos na vida tomavam de 1 a 5 litros diários de vinho, um hábito de que não escaparam os imperadores em seus intermináveis banquetes. De trinta deles que ocuparam o poder entre 30 a.C. e 220 d.C., dezenove passaram a História como beberrões inveterados...

O chumbo foi finalmente excluído como forma de eliminar o adversário no amor, demoraria e Greg tinha urgência. O tempo de Roma foi um e o do Pantanal, outro, onde tudo tinha que ser rápido...

O nervosismo de Greg aumentara, havia indicação para ele que houve vingança devido a mortandade da véspera a noite quando sairam com o chefe "Tenente Xaréu" e mais alguns homens e tinham liquidado, além de outros animais, para mais de 120 jacarés em poucas horas! Em represália, seu cão de estimação havia sido devorado por um sáurio naquela manhã!

Não se tratava evidentemente de uma vingança da natureza, como pensava o italiano. E sim, posta em prática a lei do Pantanal. O cachorro, intruso e o caimam pantaneiro vigilante com a finalidade de proteger o meio em que vivia, encontraram-se. Não deu outra...

Mais ainda, depois daqueles problemas, o ex-jornalista estava disposto a aprisionar ou matar tudo que andava, nadava ou rastejava no Pantanal.

Não perdoou nem mesmo o bando de urubu que avistou de longe. Ao se aproximar notou que as aves se reuniam em torno de um novilho atolado, sem a devida paciência para esperar a morte do animal. Os urubus tentavam tirar as tripas do moribundo através do ânus quando chegaram também os lixeiros do Pantanal para encerrar o assunto de vez: os jacarés. Enclinavam a cabeça para o lado, abriam a boca ao máximo e cravavam os dentes na carne do animal que se contorcia. Giravam em torno de si, arrancando grandes pedaços.

Raramente os caimans agiam assim investindo contra animais maiores. Além da tentativa de limpesa do ambiente, os outros ataques violentos como no caso da morte do cão de estimação de Greg, visavam afastar invasores, o que não deixava de ser mais uma forma da natureza de preservar a fauna original.

Calculou mentalmente quanto dariam aqueles urubus, quando aprisionados pelo bando. Exportava a 70 dólares cada um, depois que descobriu que em Nova York, Los Angeles e outros centros dos Estados Unidos, os urubus norte-americanos, em contato com a civilização iam tornando-se vegetarianos...

Ao pensar em dólares, lembrou-se dos couros de peixes que conservava salgados por dois dias. Dariam também um bom dinheiro. Seriam depilados com produtos químicos e em seguida receberiam a cor. Depois comercializadas em várias colorações, servindo para confeccionar cintos, pulseiras de relógios, fazer adereços para vestidos, bolsas e sapatos...

No rancho, o caboclo papudo preparava tuvira e muçum como iscas para a pescaria de logo mais a tarde, enquanto o fogo assava as espigas de milho verde, quando Greg o ex-jornalista o cumprimentou tentando disfarçar o sotaque italiano para melhor compreensão. Procurou falar como os da região.

— Tardi.

— Batardi, seu moço.

— Sua graça ainda que mal pergunte?

— Deocreciânu, um criado pra serví...

— **Lei**, está caçando o que — Traiu um pouco na língua.

— O qui parecê, pra garanti a janta qui tá braba...

Tanto podia ser uma pesada anta, maior mamífero das matas brasileiras, ou outros animais que ali viviam e que estavam entrando em processo de extinção como a ariranha, carnívoro, anfíbio semelhante a lontra ou ainda um cervo, maior veado da América do Sul.

A caça do caboclo ou do índio, nunca foi fator preponderante na extinção das espécies animais da região. O perigo estava na caça profissional. Os fatores de destruição total eram outros. O fogo, as poluições, os biocidas, a matança indiscriminada em busca de peles e couros, a destruição de ecossistemas.

— **Lei** quer caçar para mim?

— Num posso, moço — voltou o doente homem com esforço, passando a mão no grosso pescoço em forma de papo

— tenho roça prá cuidá, famía pra oiá. E caçá muito da cadeia...

— **Nhente di galera. No para mi** — Insistiu o estrangeiro não se preocupando mais com sotaque nem palavras de outra língua. — **Io sono amico** dos fiscais. Além do que faço parte de uma firma de exportação, registrada. **Lei** pode me acompanhar que no tem **perico**. No fim **do** mês, **lei** terá dinheiro certo, sem depender de colher muito na lavoura; chuva em excesso, frio ou **calore, capito**? É só caçar, nada mais do que **lei** faz desde **bambino, capito?** Com **una** diferença, tem fartura de **caña** paraguaia da **bona** e de graça, **capito?...**

— Mais assim nóis vamu acabá com tudo de uma veiz, bicho e mata...

— E dai, o que **lei** tem a perder? Não fomos nós que começamos essa batalha de destruição! Muito mais assassinos foram os militares governantes que mandaram submergir Sete Quedas com todas as florestas e animais que haviam em redor, **capito.** Não fui **io** nem **lei!...**

O caboclo nada entendia e o forasteiro mostrava conhecer bem a região pelo pouco tempo que ali estava, quando insistia:

— Deixe a conservação para o Arno Suksdorff...

O sertanejo curtido ia abrir a boca. O gringo não deu chance:

— **Molto bene,** somos os "bandidos", **io** e **lei** em **questa** novela sertaneja, neste drama do Pantanal. E os "mocinhos" do governo que planejam montar um polo siderúrgico aqui? Como ficam? E os outros "mocinhos" desta história, que são os agricultores antigos, fazendeiros tradicionais que envenenam há anos com agrotóxicos fazendo tanto estragos ou mais do que nós? **Capito**? E os turistas também "mocinhos" não tem parcela de culpa? Nós tiramos as montanhas de minérios e eles as substituem por morros de latas vazias de cerveja. **Lei** sabe o que é monocultura da cana e os estragos que das usinas nascem, que são os vinhotos exterminadores de peixes? Sabe o que significa para a região o turismo de massa? Já ouviu falar nos garimpos onde se joga mercúrio nas águas com a desculpa de que é usado para separar o ouro? Tudo com permissão do governo... Então não somos só nós que matamos peixes e animais, **capito**? São também as autoridades que deviam protegê-los! A natureza é violentada. Ela é atacada por todos os lados e até oficialmente, **capito?...**

O garimpo do Pantanal já revela níveis alarmantes de poluição por mercúrio, que atingem garimpeiros, peixes, animais e a população ribeirinha.

O caso mais conhecido no mundo, de contaminação por mercúrio aconteceu no ano de 1971, em Minamata, no Japão. A população comia os peixes pescados na baia, contaminada pela descarga de uma indústria. Foram registrados 269 casos de intoxicação e danos genéticos irreversíveis em bebês, que nasceram deformados ou mortos.

No Brasil, em regiões como Amazônia e Pantanal, análises feitas nos cabelos de indivíduos mais próximos das áreas de garimpo revelaram uma contaminação 80 vezes maior do que o máximo tolerável e a amostra de sangue apresentaram até 14 vezes mais mercúrio do que o máximo aconselhável. A contaminação dos peixes e animais é a pior forma, pois o mercúrio contido chega ao organismo humano já transformado.

O perigo é tão grande, que o sistema de captação de água de uma cidade, por exemplo, que custa milhões, pode de uma hora para outra ficar completamente inutilizado por simples garimpo localizado na cabeceira. Todo o dinheiro empregado na construção fica perdido, pois a poluição do mercúrio é quase permanente. Existem rios e áreas do Estado do Colorado, nos Estados Unidos, que estão interditados há mais de cem anos, desde a corrida do ouro no século passado...

O caboclo Deocreciano era um plantador nativo simplesmente e evidentemente nada sabia sobre o método de usar mercúrio para separar o ouro. Coisa de garimpeiro, outro estranho no ninho do Pantanal. O pantaneiro entendia de lavoura e de lidar com gado. Tarefas que passavam de pai para filho na região. Tudo mais, novidade, vinha de fora...

Não precisou muitos argumentos apesar da dificuldade em se expressar com o caboclo doente, para fazer a cabeça e criar mais um inimigo da natureza, que por sua vez iria ludibriar a fraca equipe de fiscalização do orgão protetor do meio ambiente, já tão escassa naquele pedaço pantaneiro.

O débil sertanejo, atacado pelo bócio que lhe deformava o pescoço, trabalhador em ervais e seringais, coletando erva-mate, borracha, lidando com babaçu ou percorrendo a mata poaieira (onde o mato-grossense extrai poáia, rais da ipecacuanha) ia mudar. Abandonaria sua roça de abóbora, mandioca, feijão, cana e milho. Nunca mais trabalharia plantando arroz, algodão, para os outros, cuidando da criação de porcos, cultivo do fumo enviando para a cidade o tabaco em corda e o toicinho. Paralisaria o pequeno engenho, moinho de moer cana: abandonaria a grande pipa onde recolhia o aguardente.

O ervateiro geralmente carrega nas costas fardos de mate fazendo volume enorme de quase 150 quilos, produzindo não raro entumescimento no pescoço, semelhante ao causado pelo bócio. Mas no caso do Deocreciano, além de tudo era doente "do papo" realmente, portanto para ele, um alívio tirar todo aquele peso das costas.

Seria transformado dali para frente, simplesmente em "coureiro" como são chamados os exploradores ilegais de peles...

Transportado para o quartel general da exploração animal-vegetal o sertanejo ficou maravilhado com o arsenal apresentado. Pólvora e chumbo com fartura. Armas de todos os calibres; nacionais e importadas das melhores fábricas do mundo. Redes, armadilhas, viveiros, jaulas...

Ao lado, mais de 250 quilos de carne de capivara, veado e jacaré caçados ilegalmente e que iam para os frigoríficos da organização especializada na destruição do Pantanal.

Fora a grande quantidade estragada, que jogavam nos tanques de criação de peixes. Dos frigoríficos as carnes saiam em caixas especiais destinadas à restaurantes que só serviam carne de animais silvestres, localizadas nos grandes centros consumidores.

Contra a lei, é claro. Mas o que não era contra a lei na organização?

As peles e couros, parte saia dali mesmo com destino aos portos estrangeiros e outras grandes quantidades, enviadas ao Paraguai e Bolívia, de onde passavam a ser re-exportadas como produtos daqueles países, numa jogada para ludibriar as autoridades brasileiras. O Paraguai não tinha onça e exportava centenas e milhares de peles do animal. A Bolívia não possuia ouro e mandava para fora quilos e mais quilos do precioso metal...

Nova surpresa para o caboclo de pescoço grosso deformado pela doença, que torcia entre as mãos o chapéu de carandá. Foi na seção de pesca. Mais de uma tonelada de peixe estava chegando. Os pescadores descarregavam também apetrechos proibidos por lei, como redes de malhas finas (onde acabavam com os filhotes), espinhéis e arpões. Grandes barcos, lanchas e canoas chegavam enquanto Greg enchia duas canecas com cachaça do Paraguai e brindava com o mais novo auxiliar na mortandade, no aniquilamento do Pantanal:

— **Salute nuovo amico**! Para o inferno com os conservacionistas adoradores de capim! Um brinde ao progresso! Quem gosta de mato é cascavel, **capito?...**

Medida incoerente de quem dizia estar lutando "para que no futuro 4 milhões de palestinos pudessem viver como seres humanos"...

— Viva, patrão. É issu aí qui o sinhô falô...

Diante do aguardente farto, da alimentação segura para si e para a família, juntava-se ao grupo devastador mais um inimigo da fauna. A ignorância e a vida relativamente sem problemas dali para a frente, colaboravam para a não conservação da natureza.

Atrás dele viriam outros, "Malavéia", "Pódepurga", "Ratopardo"; uma infinidade de boi-baguás engrossando a legião de desgraçados jovens andarilhos que vagavam pelo Pantanal trabalhando a troco de comida...

Uma das canecas caiu diante do nervosismo do caboclo ante tanta coisa desconhecida para ele, acostumado que estava com a miséria.

Greg apanhou nova caneca e a encheu daquela pinga, da boa, do Paraguai. Rasgou uma folha de jornal passou sobre o líquido que havia caido. No papel molhado e amassado ainda dava para ler: "Somente a conjugação de esforços, em termos nacionais, pode trazer o resultado desejado de recuperar a outrora rica e hoje empobrecida fauna do Pantanal"...

De princípio, o caboclo papudo pelo bócio, que deixara até a diversão de pescar ximburés, jurupócas, sauás e lambaris, passara a trabalhar tempo integral para o bando, ficaria encarregado de caçar somente cobras, aranhas e escorpiões para as experiências pessoais de Greg em seu laboratório particular.

Ficaria assim como uma espécie de auxiliar nas poções

criadas no rústico laboratório nas matas. Ali não era segredo para ninguém que o ítalo-palestino ficava horas a fio fazendo pesquisas com a peçonha e o veneno dos animais. Ele mesmo tirava a peçonha da cascavel, da jararaca, do urutu, da surucucu e outras cobras e misturava o líquido extraído com o de aranhas e escorpiões sempre a procura da mais mortal das drogas.

Chegava a misturar a peçonha animal com o poderoso veneno extraido do cipó curare que os índios do Alto Amazonas usavam na ponta de suas flechas para paralisar tanto a caça como seus inimigos.

Greg sabia muito sobre animais especialmente aqueles portadores de veneno. Como sabia a diferença entre peçonha e veneno. Os envenenamentos por animais podem ser passivos e ativos. Os passivos são provocados pela ingestão de animais que possuem substâncias tóxicas mas não tem meios para inocular o veneno. Os ativos causados por picadas, mordeduras ou mesmo contatos de animais que possuem glândulas secretoras de veneno e aparelho inoculador. Os primeiros são denominados animais venenosos, enquanto os últimos são os animais peçonhentos...

Os seres humanos tem atitudes que levam a gente a duvidar do título de "rei dos animais" que eles mesmo se deram. Como podia ser implacável destruidor da natureza um homem que a conhecia tão bem?

Principalmente a vida animal nos seus mínimos detalhes? O caboclo era um ignorante; nunca tinha ido à escola; fácil de ser levado na mais simples conversa já que não tinha noção do mal que praticava mas Greg não, estudado e viajado. Inteligente, eterno estudioso e profundo conhecedor pelo menos teórico daquele mundo verde, onde a destruição como estava sendo feita, iria num futuro muito próximo, prejudicar o próprio ser humano.

Greg, um entomólogo frustrado. O mundo dos insetos o fascinava. Havia começado a estudar entomologia (que se dedica a parte da Zoologia que estuda insetos), na Europa. Logo depois desistira, para dedicar-se ao jornalismo. Portanto conhecia muito a natureza. Tentava desvendar seus mistérios a começar dos insetos. Como tentar desvendar o surpreendente poder de destruição do pequeno hércules do mundo animal, a traça, como a descomunal também, força da sanguessuga, indo até os grandes míopes da natureza, na curiosidade da vida animal.

Pelo fascínio que encerra, a vida dos animais nos mostra, não apenas pelas curiosidades que contém mas sobretudo, pelo que surpreendentemente nos oferece. Tomemos uma simples traça como exemplo: é tido, esse minúsculo e aparentemente inofensivo inseto, pelos naturalistas como o animal de maior poder de mastigar.

O tubarão é outro animal que nos surpreende. Não sendo ele dotado de ossos mas de cartilagens. No entanto, o chamado "tigre do mar", uma das espécies de tubarões, além da ferocidade possui nada menos que quatrocentos dentes, cada um deles mais afiado que uma navalha.

O entomologista amador Greg sabia muito sobre animais. Que os avestruzes nunca vivem mais de 15 anos. Que pássaros canóros vivem de 13 a 20 anos e as aves como os corvos, chegando com facilidade aos 100. Enquanto que o pombo pode viver de 35 a 40 anos, a águia atinge um século, mas o papagaio é apontado como recordista em longevidade, podendo atingir 120 anos.

O leão, o elefante, o tigre o e crocodilo são animais noturnos. Passam o dia escondidos nas selvas, exceto o crocodilo, que se esquenta no sol, na areia ou nos pântanos muitas vezes chocando os ovos, que ficam sob a areia. A noite saem para procurar suas presas. Entre eles, o elefante é o que menos ataca o homem e o crocodilo e o tigre são os mais manhosos e traiçoeiros. Tendo uma espécie de tigre com verdadeira predileção pela carne humana.

Greg sabia a propósito do elefante, que uma elefanta pode ter em toda a sua vida, seis filhotes, no máximo. Que o poder visual da girafa é dos mais diminutos. Ela vê tudo diminuido, tal qual se vê do alto de um arranha-céu, dado ao seu pescoço comprido. Que de todos os mamíferos, o rato é o que possui vida mais curta. Sua existência é de duração limitadíssima; de 2 a 3 anos. Os pequenos ursos australianos denominados koala nunca bebem água e o seu alimento quase exclusivo são as folhas de eucalípto. Que o hipopótamo tem visão sem nitidez.

O porco e todos os animais de pele grossa, como o rinocèronte, o hipopótamo e o elefante, gostam de deitar-se na lama para sentirem-se frescos e, assim amenizarem o calor.

Os crocodilos possuem fortes mandíbulas e afiados dentes mas apesar disso não podem mastigar. Que o gorila tem imensa aversão aos peixes; o cheiro do peixe deixa-o enfurecido. Que o peixe-boi da Amazônia, é mamífero e ruminante.

O entomologista amador, conhecia com detalhes a vida dos menores seres da escala animal. Como o poder da força descomunal da sangue-suga: ao aferrar-se a alguma coisa, só pode ser arrancada quando se emprega força que represente 2 000 vezes o seu peso. Que a minhoca não possui olhos, mas percebe a luz através da pele. Depois das formigas, as vespas são consideradas pelos entomologistas o inseto mais inteligente. A formiga apenas leva vantagem sobre as vespas em esperteza. Que aranhas podem viver durante vários meses sem qualquer alimentação, o que as possibilita atravessar o inverno, período em que os insetos com os quais se alimenta escasseiam.

Cientistas que dedicam seus estudos à vida e ao comportamento das abelhas chegaram a conclusão, e disso também Greg estava enteirado, de que esses insetos tem memória e possuem senso de tempo, que é marcado com uma espécie de relógio interno funcionando influenciado por fatores externos. Sabia também quanto a mosca voa. Durante um dia ela percorre uns 10 quilômetros, segundo recente cálculo de cientistas da área...

O único animal que o frio Greg parecia ter estima era seu gato, já que o jacaré comera seu cão de guarda. Pelo menos respeitava o bichano. Na solidão das matas pantaneiras, a noite, o gato ficava seu único companheiro na conversa, sempre, pensando na filha do fazendeiro com quem pretendia se casar um dia e ser chefe de toda a quadrilha.

E é fora de dúvida para os zoólogos que os gatos se esforçam por falar com os donos. Por isso acreditam os cientistas ser o gato dos animais mais adorados no antigo Egito. Quando um desses animais morria logo o embalsamavam. Arqueólogos descobriram múmias de gatos que datam de 4 mil anos. O gato representava para os antigos egípcios, a reincarnação da deusa **Best.** Devido a isso se punia com a morte aquele que matasse um simples gatinho...

— Meu bichano, **io** tenho que eliminar um rival no **amore.** Que devo fazer? **Capito?**

O gato enroscava-se na perna de Greg, para lá e para cá.

encontrar ratos só para ver a correria e o entusiasmo do amigo naquela solidão pantaneira. Nada havia senão sapos, em baixo do caixão.

A cena despertou uma sinistra idéia. Talvez estivesse ali a solução: veneno de sapo! Forma ideal para eliminar alguém sem deixar suspeitas, ainda mais naquele deserto de gente que entendesse da matéria.

Assunto do qual Greg tornara-se especialista. Sabia que afora os serviços que o sapo prestava à agricultura seu poderosíssimo veneno era de grande valor científico. E também arma sem defesa, pois não haviam descoberto ainda um contra-veneno.

A ação tóxica do veneno do sapo é conhecida há longo tempo e seu uso gozava de certa preferência. O poeta Juvenal que viveu no ano de 125-65 antes de Cristo, descreveu a habilidade das mulheres romanas em matar seus maridos por meio de diversos venenos, entre os quais um extraído dos pulmões de sapos. No século XIV, o bispo de Tróia foi acusado de ter envenenado a esposa de Felipe, o belo, com preparado de escorpiões, aranhas e sapos.

Greg conhecia as tribos indígenas da Amazônia que usavam secreções de sapos para o veneno de suas flechas, tanto na caça como na guerra. Um veado ou uma onça ferida por tais flechas morria em alguns minutos agitada por convulsões seguidas de parada do coração.

O ex-jornalista meteu mãos a obra para conseguir a **bufalina** (veneno de sapo). O líquido venenoso encontra-se nas glândulas paratóides e dorsais (chamado por isso de veneno dorsal, veneno ganduloso). O veneno das paratóides é não só mais abundante como de ação mais violenta. Mas, só pode ser expelido se essas glândulas forem mcanicamente pressionadas, o que o animal não pode fazer. Quer dizer: sozinho o sapo não pode exercer essa pressão mecânica e assim não ejeta em ninguém coisa alguma, como se costuma dizer... Entretanto se apertarmos aquela glândula, de trás de seus olhos sai um fino jato de veneno, tal como lança-perfume, que pode causar muito mal a quem for atingido.

O sapo tem também um outro veneno, o veneno mucoso, que se encontra em outras pequenas glândulas espalhadas pelo corpo. Quando está acuado, o sapo se cobre desse veneno, tanto, não faz mal nenhum se a pessoa que manuseia o animal não tem qualquer dilaceração na pele das mãos e nem as leve aos olhos, o que poderá causar-lhe uma oftalmia grave.

As primeiras observações científicas sobre a ação do veneno do apo devem-se a Vulpian e foram confirmadas por vários outros pesquisadores. Hayashi relata que esse veneno é 50 a 100 vezes mais forte que o extrato de **digitalis.** O estudo dos efeitos cardiotóxicos foi seguido por Chen, nos Estados Unidos, e uma pesquisa farmacológica sistemática e aprofundada foi empreendida por Okada, no Japão. Ao lado da ação digitálica bem conhecida (aumento da contração sistélica, diminuição da freqüência das pulsações cardíacas), novos dados foram trazidos mais recentemente.

É conhecido que uma solução de 1% de veneno de sapo instilada na córnea provoca anestesia local. Um efeito anestésico do extrato de veneno do **Bufo mauretanicus Schlegel** (uma espécie de sapo) foi observado por pesquisadores suiços. Autores outros, japoneses estudando a ação anestésica local de um certo número de **bufadienolides** — os constituintes cardiotóxicos do veneno — observaram que a **bufalina** possui uma potência anestesiante avaliada como sendo cerca de 90 vezes superior à cocaína...

O sapo é um verdadeiro fator de equilíbrio biológico na lavoura. Combate muitas pragas. E há casos em que somente ele tem condições de resolver o problema de determinadas pragas, o que ainda não se consegue com produto químico algum.

Muitos desses animais, sob o comando de Greg, a quadrilha depenadora do pantanal, mandava com vida. O que de certa forma tornava-se benéfico. Pena que o homem eliminava sem seleção, mandando caçar todos que encontravam. O bando de predadores exterminava o batráquio como se fosse praga. Muitos desses animais, quando mandados com vida, "constituiam famílias", contribuiam para melhorar a economia de países necessitados. Boa quantidade tinha seguido para a Jamaica com aquela finalidade. Ao Havai seguiram lotes de "colonizadores" com o mesmo objetivo de proteger as plantações de abacaxi. Culturas de vários países que se encontravam ameaçadas com prejuízos de milhões de dólares, salvavam-se com a simples presença dos sapos do Pantanal.

Assim pelas mãos dos caboclos que o caçavam, de Greg que os dirigia e de Esiário Diangio chefe exportador, os batráquios eram enviados ao vivo, em peles para encadernar livros, e para o futuro seriam enviados na forma de caríssimo veneno muito útil no campo científico, com numerosas aplicações, principalmente na medicina e cirurgia.

Mas porque então Greg que caçava e auxiliava na exportação de tudo, não aperfeiçoava-se a ponto de só enviar o veneno de sapo, bem mais caro no mercado internacional, ao invés de ao vivo ou somente a pele do bicho?

Primeiro porque sua porção de **bufalina** possuia forma empírica, para "uso interno". Somente para eliminar o ex-padre que atrapalhava seu amor com Lemira. Grande quantidade estava fora de suas cogitações. Para que a quadrilha exportasse teria que ser preparada em laboratório especialmente feito para esse fim e com técnicas impossíveis de serem obtidas naquele improvisado local nas matas pantaneiras.

Além do mais, exportar pele de sapo, ou animal vivo, tornava-se mais fácil e sem problema visto que a fiscalização nesse sentido no Brasil era fraca e falha como todas as outras. O território enorme, com largas fronteiras difíceis de serem controladas e muita corrupção, por onde entrava o que não devia a saia tudo que podia...

Nos Estados Unidos a operação complicava. Na América do Norte tinha muito sapo, mas então porque compravam do Brasil e em especial daquela quadrilha do Pantanal?

Por que com tanto sapo, precisavam importar sua pele?

Simplesmente porque lá, quem caça sapo para tirar-lhe o couro e fazer sapatos vai para a cadeia! As leis de proteção à fauna, naquele país são levadas à sério, cumpridas à risca. Ainda mais se tratando de animal tão útil à lavoura. Por isso é mais prático importar peles, sem tocar no estoque vivo deles...

Na cabana perdida entre fortes jacarandás, mulateiras, guatambus entrelaçadas por palmeiras tucum, bacava, assai, o homem meditava. Procurava solução para seu problema do coração.

Num minúsculo vidro, Greg acondicionou boa quantidade de terrível líquido extraído do **Bufo marinus**, um dos sapos mais conhecidos do Brasil. Veneno infalível, seguro, pois não havia antídoto ainda. Colocou o pequeno recipiente no bolso, acariciou a cabeça do gato e saiu...

A MULHER

Alguma coisa não ia dar certo no relacionamento dos dois. Lemira previa isso.

Eva tentava consolar a filha explicando-lhe que quando a noiva estiver desconfiada dos bons propósitos do noivo deve agir assim: dar violenta surra em Santo Antonio, pedindo-lhe perdão pelo gesto; logo colocá-lo no coador e passar café imediatamente. O noivo, bebendo esse café fica agarradinho, grudado feito carrapato em rabo de boi magro.

Assim a velha Ambrozina, avó de Eva, tinha lhe ensinado a agir com relação ao fazendeiro Esiário Diangio, o "Camaleão" e assim Lemira devia fazer com Perseu o galante espanhol.

A linda Eva, agora com pouco mais de 30 anos, tinha vindo novinha em folha para as mãos do fazendeiro. A avó Ambrozina que criava a menina depois que a mãe fugiu com um soldado, chegou com a pequena correndo de maís um dilúvio da zona pantaneira. Foi quando o encontro dos rios Paraguai e São Lourenço formaram um mar de água cobrindo cerrados, pastos, casas modestas e até residências de fazendas.

A enchente tinha arrasado a cidade de Porto Murtinho desalojando milhares de habitantes de áreas ribeirinhas e avançava sobre o porto de Assunção, a capital paraguaia.

As enchentes do rio Paraguai repetiam-se invariavelmente todos os anos mas aquela tinha sido especialmente volumosa embora não se comparasse com a maior cheia, ocorrida em 1905. Sem contar a que se deu no ano de 1913. A velha Ambrozina havia acompanhado, inclusive a trágica de 1920 quando perdeu o marido afogado. Foi a que marcou mais. Todas as proporções diluvianas, registradas por medidores à margem do rio.

O rio Paraguai — que nasce em plena bacia Amazônica e, por um capricho da natureza, corre em direção à bacia do Prata — é o eixo do sistema hidrográfico do Pantanal. Como ele, todos os rios se originam fora do Pantanal e, na verdade, nessa região, apesar do nome, jamais foi encontrada uma única nascente de água!...

Os medidores nem seriam necessários para atestar a proporção do verdadeiro mar de água em que se transformara o rio Paraguai com até 60 quilômetros de largura em alguns de seus trechos mais espraiados. Tanta água se represara que os pastos da fazenda onde trabalhava Ambrozina simplesmente sumiram. Seu filho, encarregado de zelar pelo latifúndio submerso. Peão experimentado — com a mudança do tempo era só apear e trocar a rédea pelo remo — há mais de sete meses não dava um passo em terra firme, já não levava o gado nos barreiros ou lagoas salgadas, seu problema, procurar os firmes para que o bicho não morresse afogado.

Numa noite de forte temporal caiu do barco e foi tragado pelas águas. Teve o mesmo fim trágico do pai...

Para a trabalhadora Ambrozina já com idade avançada e a neta mocinha, não havia outra solução senão sair dali o mais breve possível. Estavam saturadas de água e desgraças que as inundações traziam para elas.

— Destino é a gente quem faz! — Afirmava a sábia macróbia. — É como caminho, a gente faz andando!...

Além do que, sonhava um bom casamento para a menina Eva. Garota que não tinha mais ninguém na vida a não ser aquela pobre velha. E ia conseguir, custasse quanto fosse...

Ambrozina removeu uma das taboas do assoalho do barraco caindo de umidade e lançou o anzol na água para pescar o que seria sua última refeição naquele maldito lugar transformado num oceano de água doce e tristes recorações. Estava resolvido e não ia voltar atrás. Que futuro teria sua bonita neta no pedaço onde residia, dilúvio de desgraças?

De que adiantavam suas precauções para com a neta, ensinando: que somente três lugares os meninos podem por a mão nas meninas. Nas mãos, sobre os ombros e em volta da cintura. De que valiam as cuidadosas instruções se naquele fim de mundo os homens iam embora crianças demais? Quando não, largados pelo mundo cercado de água por todos os lados...

A experiente anciã olhou ao redor e tudo parecia estar se afogando no campo encapoeirado: a espinhuda japecanga, a gabiroba, a jaraguá. Mas sabia que existiam na região lugares melhores.

Em seguida avó e neta praticamente com a roupa do corpo, embarcaram rumo ao desconhecido, num boieiro — espécie de balsa de fundo guarnecida com currais, destinada ao transporte do gado.

Passageiros misturavam-se aos animais atravessando imenso território ocupado pelas águas.

Porto Esperança já tinha ficado sob as águas do mar fluvial. Corumbá irremediavelmente ilhado do resto do Brasil. Os afluentes do Paraguai continuavam provocando desastres, arrastando largos trechos de estradas de rodagem, destruindo pontilhões e arrancando trilhos de estrada de ferro.

Outros boieiros seguiam a caravana com o maior deles onde se via escrito- "Navio-Curral Coxim", levando mais passageiros do que gado. Atrás vinham o "Poconé", o "Cuiabá", o "Cáceres"...

Em parte nenhuma do mundo se via cena igual. Bois e animais selvagens que normalmente não aceitam a convivência com a água, deixavam seus **habitats** naturais e nadando na direção de um único lugar seco para descansar e dormir. Um aterro. Ali juntavam-se touros, bezerros, vacas, cavalos, carneiros, veados, quatis, lagartos, tatus, cobras e tamanduás...

Para a velha Ambrozina o Pantanal era como uma taboa, onde as águas rolavam devagar. Portanto não tinha escolha. E água na sala não representava tragédia na região pantaneira. Mas com o passar da idade o excesso de umidade e as mortes que a enxurradas causaram na família, já a incomodavam bastante por isso procuraria outro lugar um pouco mais seco. Mas no Pantanal mesmo. Pantaneira, não saberia viver longe dos costumes da terra...

O fazendeiro Esiário Diangio encontrou as duas passando fome, no ponto de desembarque de mercadorias e pedintes, onde luxo e miséria se juntavam. O porto estava abarrotado de valiosas mercadorias e nunca ao mesmo tempo se viu tantas pessoas pedindo ajuda e um simples prato de comida.

A velha e a moça como alimento possuiam apenas um pouco de guaraná raspado e erva que ia no tereré, o chimarrão com água fria. A mocinha Eva maltrapilha e mal alimentada tocava o bumbo, um tamborzinho, acompanhando a avó que portava a viola de cocho (cotcho como ela pronunciava), de madeira maciça, com 3 a 5 cordas de tripa de macaco ou nervo de cobra e braços entortados para trás.

Entoavam algumas velhas canções pantaneiras a fim de ganhar trocados que matassem a fome.

Esiário Diangio impressionado com a beleza da menina levou as duas para a fazenda. Ambrozina como cozinheira e a neta Eva ajudaria a avó. Seriam de muita utilidade para aquele gordo e esfomeado viúvo.

Para Ambrozina e Eva não poderia haver coisa melhor. Ali podia chover quanto fosse. o fazendeiro sem mulher, era homem de muito recurso, boa situação financeira, possuindo terras altas e até campo de pouso de teco-teco, avião conhecido por todos como "jipe do Pantanal"...

Numa das visitas freqüentes do fazendeiro à cozinha, a velha Ambrozina não perdeu tempo, instruiu a neta para que surrasse o Santo Antonio, pedisse perdão e em seguida jogasse a estátua no coador afim de passar um gostoso café para o patrão. Nem precisaria, foi até covardia e apelação. Porque nessa altura a moça alimentada, bem vestidinha, estava formosa nos seus 15 anos. Linda como uma flor pantaneira. Demais para o gorducho Esiário Diangio, o "Camaleão", que ficava vermelho e muito mais branco ainda, a cada vez que via a mocinha.

O encontro dos dois signifcava juntar a doce e bela fruta com a moita de capim-quicê, cujas folhas espinhudas cortam feito navalha... Com ou sem a ajuda de Santo Antônio, daquele dia em diante, casando, em cerimônia simples na sede da fazenda, Eva ficou senhora de terras e gado. Da casa centenária repleta de fantasmas, do tempo da escravidão.

Logo depois, a velha Ambrozina falecia em paz. E foi enterrada com o Santo Antonio milagroso...

O fato do Pantanal ser submetido a enchentes periódicas gera certa incompreensão básica a cerca da região. Por isso ela é erroneamente considerada as vezes, como um lugar de atoleiros, brejos, de águas estagnadas produtoras de doenças. Quando na verdade o solo, a água, a luxuriante vegetação abençoada pelo sol, fazem do Pantanal uma explosão de vida saudável. Tudo naquela natureza é exuberante, rica, formando uma das maiores planícies férteis do globo.

Imenso parque natural protegido pelas enchentes, criando a maior reserva brasileira de vida selvagem, maior mesmo que a Amazônia.

Seu clima tropical semi-úmido é dos melhores. A ausência de brisas marítimas e a elevada umidade relativa do ar — que se mantém entre 70% e 80% nos meses de verão — são fatores que fazem as pessoas sentirem uma aguda e falsa sensação de calor...

Quanto a população de onde teria vindo aquela gente morena, em que a brancura (e as vezes o vermelhão) do fazendeiro Esiário Diangio destacava-se.

A colonização do Pantanal foi feita por duas portas de entrada. Uma, seguindo os rios, principalmente o Paraguai, "a porta verdadeira". Uma outra, "a porta falsa" que usava a navegação, dependendo de longas caminhadas a pé pelo cerrado, transportando cargas e canoas. Não fossem os paulistas e no Pantanal hoje se falava espanhol...

Se tivesse sido colonizado pela "porta natural", o Pantanal seria atualmente uma área castelhana, pois o caminho normal de seus rios leva à Assunção, Montevidéu e Buenos Aires. Mas usando a "porta falsa" os bandeirantes ocuparam o Pantanal, em sua passagem na busca de ouro e de índios na direção de Cuiabá, alargando assim, indiretamente as fronteiras do pais e levando populações.

O caboclo pantaneiro é de origem nordestina e paulista, mesclado ao longo dos anos, com índio guaicuru que foi senhor primitivo do Pantanal — e com paraguaios e bolivianos que entravam no território em busca de vida melhor.

Ou procurando tesouros, como tinham vindo o esquelético "Napoleão da Selva" e o falso gorducho mascador de coca, "Cuchara Deloro"...

O fim de semana havia chegado e todos os componentes da "organização do mal pantaneiro", quadrilha de dilapidadores da riqueza na formosa região, que em milhares de anos acumulara tesouro incalculável, reuniram-se na sede da fazenda. Só Perseu não compareceu. Para alguns mais um caso de noivo arrependido, para outros um reles desertor. Começaram os boatos...

Magro e baixinho, o tuberculoso paraguaio que só tinha a mão direita boba, na verdade veio para ver a mulher do fazendeiro com quem já havia se encontrado várias vezes.

Enquanto a "primeira dama da fazenda" exibia, no sol sua mofada coleção de casacos de peles, que acabava nunca usando em Mato Grosso com o calor que fazia. Eram necessários 50 animais para fazer longo casaco e apenas um para vestí-lo. Seu guarda-roupa não passava de abafado cemitério onde jaziam uns 500 cadáveres de bichos costurados um a um.

O balofo e grandalhão boliviano tinha a mesma intenção do paraguaio, pois seus encontros com a mulher, também freqüentes (embora inúteis pois o uso do tóxico não permitia que ele completasse o ato sexual) e Eva, "La Maja Desnuda" não mais saiu de seu pensamento. Para a linda mulher, a única diferença consistia em ter na cama um sapo "a paisana" e outro meio fardado pois o militar sempre balão – drogado – quase nunca tirava a parte de cima da farda.

Sem dúvida, o maior tesouro para aqueles rudes homens era Eva, a mulher do "Camaleão", porque o barbudo baiano "Tenente Xaréu" também apreciava a "distinta dama" desde seu primeiro encontro.

– O maldito "gigolô de vacas" tem o que merece porque é do ramo: um belíssimo longo e lustroso par de chifres, óxente! É corno de mulher, filha e provavelmente deve ser também de mãe! Como pode ter tudo o que tem, e ainda querer só para ele, duas "jóias" em casa? – Dizia baixo no jipe o "Tenente Xaréu", cheio de cachaça, mascando o charuto, pensando num jeito de descartar logo do pessoal, procurando maneira de novamente beijar a tentadora mulher. Sentir o perfume do corpo quente, braços macios da serpente insaciável. Ainda mais que Eva o achara o máximo, dizendo que os gringos tinham fardas fedidas porque nunca as trocavam e nem mesmo tiravam quando se encontravam com ela. Era difícil fazer amor encostando em revólver e metralhadora. O baiano pelo menos afastava a "peixeira", tirando a faca na hora H. A Lugger ele já havia encostado há tempos.

A disputa entre os três sócios do "Camaleão" ia ser cada vez mais acirrada pois Eva mexia com a cabeça dos homens por ocasião de seus encontros amorosos. Tanto nas matas, com o estômago vasio, ou no apartamento da bela mulher, empanturrados com a fartura de feijão de corda, arroz-papa, farinha de milho torradinha, lombo fresco de porco-monteiro, café com rapadura...

O baiano deu um tapa na enorme motuca que pretendia furar seu braço. E saiu recitando baixo exibindo só para si, a veia poética de pé quebrado:

— Se mosquito fosse soldado.
E chifre fosse canhão.
Esta fazenda tinha exército.
Pra vencer uma nação!...

O JUIZ

O bugre Cangas manipulava os frutos, umas cápsulas alongadas de uns 25 centímetros de comprimento com cores variadas entre o verde e o amarelo quando maduras e pardo quando trabalhadas, como aquelas.

Sua cultura exigia sólos ricos em húmus, de consistência esponjosa, impermeáveis, que retinha água deixando-os suavemente úmidos.

A planta não gostava de terrenos arenosos. Necessitava de clima quente e atmosfera saturada de umidade, de preferência os declíveis naturais das encostas dos morros e margens dos rios.

Ou de muita sombra como a daquele caramanchão de onde pendiam alguns exemplares, embaixo do qual o guarda-costa mexia apenas para fazer hora.

Dependuradas, as belas orquídeas apresentavam flores que variavam do amarelo-canário ao verde-cana. Botanicamente era uma planta da família das orquídeas do gênero **vanila.** Trepadeira de caule forte com nodosidades de trecho em trecho, capaz de alcançar grandes comprimentos.

As vistosas flores, cujas favas o bugre limpava, pertenciam a **vanila planifolia.** Hermafroditas por se encontrarem os orgãos femininos e masculinos separados por uma membrana. Mas a fecundação nunca se processaria expontaneamente sem a interferência do inseto hibridador.

Daquela orquídea saia a baunilha, para aromatizar doces, bolos e sorvetes. Preciosidade conhecida dos povos civilizados desde a descoberta da América. Os nativos, principalmente os aztecas, já a usavam para aromatizar seus alimentos.

As primitivas tribos mexicanas pagavam suas derrotas aos povos vencedores com quantidades de vagens que coletavam da importante trepadeira do nosso continente.

A baunilha é composta de óleo graxo de ácido benzóico. Tem propriedades excitantes e admite-se que seja afrodisíaca por excelência.

O bugre largou as favas e o beneficiamento da baunilha, rapidamente e segurou firme na faca, primeira arma que encontrou, na hora em que os homens chegaram. Todos conhecidos, mas, o seguro morreu de velho e o previdente ainda anda por ai...

O "Tenente Xaréu" tinha convocado às pressas uma reunião extra na sede da fazenda, misteriosa e velha casa de barulho no sótão, agora transformada em "Quartel da Fortuna".

O motivo: um de seus homens de confiança havia desaparecido. Justamente o encarregado da coleta de minérios do Pantanal, principalmente ouro e diamantes.

Há dias que ninguém sabia nada do espanhol Perseu. Não deixara sombra nem rastro. Seu carro fôra encontrado, assim como a Scopeta, mas nenhuma pista que pudesse levar ao seu paradeiro.

Para o paraguaio "Napoleão da Selva", sempre procurando esconder a mão direita aleijada e tossindo muito, o homem desertara:

— **El oro cambia las personas...**

No que foi logo retrucado pelo baiano:

— Sei que **tranit sua quenquer volantas** (Cada um é arrastado pelo seu pendor). Começou falando bonito para em seguida baixar o nível. — Mas, meus homens não pedem piníco!...

Não teria o ex-padre percorrido outras aldeias levando a seita do "Santo Dáime, na preparação de fazer com que os caboclos adeptos procurassem ouro para ele? De acordo com seus planos? — Quem arriscou mascando coca foi o gordo e grande boliviano "Colher de Ouro", que preferia ser chamado de "Cuchara Deloro". — Não — descartou logo o "Tenente Xaréu", alegando que ninguém se ausentava do "quartel general" por 3 dias sem deixar recado ou enviar mensagem pelo rádio. Ordem da sua turma que deveria ser obedecida por todos, sem exceção.

Comunicado o fato ao chefão Esiário Diángio, o "Camaleão" afastou o tereré que tomava, passando do vermelho para o branco foi duro no seu sotaque cuiabano:

— Devi tê ido embora o catchaço! É como catchorro tchulé. Tchega comu quem num qué nada, tchupa, tchupa nossas fia e na hora de casá, se manda, o tchifrudo!...

O guarda-costa Cangas apoiava com a cabeça para cima e para baixo.

Lemira chorava e a mãe penitenciava-se:

— A culpa foi minha, não devia ter colocado nosso Santo Antônio no caixão da sua avó... Vou comprar outro, logo...

Os demais homens não deviam ser comunicados. Precisavam terminar a tarefa até o fim da semana, quando ai então todos seriam inteirados do fato grave dando-se uma busca mais apurada. Por enquanto a notícia seria mantida apenas na esfera da cúpula da quadrilha.

Ficariam de sobreaviso. Uma rodada da **canã** paraguaia selou a reunião na casa-grande. O almoço viria em seguida...

Na mata pantaneira que rodeava a fazenda de gado da melhor qualidade, aparentemente calma, a vagarosa preguiça arrastava consigo, seus únicos companheiros: os parasitos. Em seu pelo seco e áspero viviam uma espécie de barata, duas de carrapatos e três de traça, além de algumas algas microscópias. Contudo o pacato animal indiferente a essa manifestação toda permanecia pendurada na árvore que lhe servia de cama e mesa, ao mesmo tempo. Quando precisava de alimento esticava a mão arrancando algumas folhas que depois de mastigá-las lentamente, entrava num longo período de descanso.

A principal causa de sua progressiva extinção, o desequilíbrio ecológico e o fato de com a lentidão, ser alvo fácil para os caçadores.

Dos poucos bichos a permanecer ali, parecendo assistir ao trabalho do ex-juiz Michelin, agora transformado de julgador em Paris a assassino de floresta, cortador de todo tipo de madeiras, destruidor em grande escala das matas pantaneiras. Não podia ver verde sem derrubá-lo. Enquanto que um tamanduá-bandeira abandonava devagar o terreno nas imediações. Mais um dos casos típicos de animal em extinção pela contaminação do meio ambiente e pelo vandalismo puro e simples do homem.

O uso indiscriminado de tóxicos mortais chamados erradamente de defensivos agrícolas, envenenava seu alimento — formigas e cupins. Sua carne não era aproveitada, sua pele desprovida de valor comercial, mas os caçadores o abatiam a título de esporte. Como a preguiça, o tamanduá-bandeira se movimentava com extrema lentidão, com a desvantagem, de não conseguir subir nas árvores.

Grande, medindo cerca de 2 metros e em torno de 40 quilos, pêlo de cor cinza-carregado, agitava a grande cauda que a noite utilizava como cobertor.

O ex-juiz que não trabalhava longe da garrafa de **caña** paraguaia, acelerava a tarefa na usina de destilação do pau-rosa a margem do rio, numa atividade dificultada já pela carência da matéria prima. A extração do pau-rosa, feita por empreitada. Os caboclos ficavam encarregados de descobrir as árvores em determinadas áreas, verificar sua possibilidade de exploração. Uma vez localizada, faziam um varadouro até um ramal-chefe ou até o rio ou ainda um igarapé mais próximo, para permitir o seu transporte depois de derrubada.

Michelin orientava os homens para juntar tantas quantas árvores de pau-rosa pudesse, com 4 palmos de roda — a circunferência.

Depois de derrubada, transformavam a árvore em achas de lenha e posteriormente em lascas (cavacos), por um triturador, cuja operação, importante porque quanto menores fossem as lascas maior seria a possibilidade do vapor extrair o óleo essencial aumentando a eficiência da destilação.

De longe o tatu canastra observava a operação do francês. Miniatura dos gigantescos cliptodontes fósseis da Era Terciária, o tatu-canastra que se alimentava de formigas, cupins e mesmo de cobras venenosas, uma das caças mais praticadas pelo homem naquela região, que consumia sua carne.

Aquele exemplar pesava uns 60 quilos e media cerca de 1,30 de comprimento. A captura do tatu-canastra – como os demais tatus – realizava-se à noite quando ele vagava pelos campos à procura de comida. Já estava escasso, desaparecendo de um de seus últimos redutos, o Pantanal de Mato Grosso.

Os pedaços de pau-rosa eram colocados num alambique cujo vapor tinha a pressão de 10 a 80 libras, as lascas produziam o óleo após o que conduziam para o resfriamento. Uma vez condensado, recolhiam em outro condensador onde se fazia a separação natural do óleo e da água, por diferença de densidade. Após a destilação, o óleo recolhido por decantação, coado e embalado em tambores com capacidade para 180 quilos de óleo essencial.

A procura pelo produto grande, tanto nos Estados Unidos, como no Japão, Argentina, França, Inglaterra, Holanda, que importavam o tipo de óleo.

Michelin derrubava com o inconveniente: não havia replante. Simplesmente destruia. O ex-juiz não estava interessado em criar campos experimentais de replantio de mudas de pau-rosa; na salvação da espécie produtora de essência para perfumes raros.

A devastação do Pantanal prosseguia, derrubando até pequenas árvores. E o pau-rosa, como sempre, dos mais atingidos. Sendo utilizado pela usina rústica de destilação de óleo essencial do ex-juiz e seus homens formigas que aceleravam o processo de derrubada de árvores feita sem planificação ou qualquer método racional que pudesse preservar a espécie.

O mais inteligente dos animais, era ao contrário das pacas, que cumpriam suas tarefas de semeadoras naturais. As pacas comiam o que interessava de várias sementes e enterravam as sobras, que logo germinariam. E para isso utilizavam as aberturas feitas pelos tatus ou buracos formados pela natureza.

A natureza mostrava, ensinava, o mais racional dos animais parecia não querer compreender...

Na água, uma das últimas ariranhas parecia um gato enfurecido tanto o barulho que fazia. Ruído inconfundível para os caçadores que não tinham dificuldade para encontrá-la nadando nas bacias dos grandes rios pantaneiros. Sua valiosa pele, apreciada como tapete ou agasalho, especialmente se esfolada no inverno, época em que seus pelos tornavam bastante densos, transformavam a ariranha numa espécie praticamente extinta no Pantanal.

A situação do pau-rosa caminhava para o mesmo destino, o da extinção. Cada vez mais crítica devido ao processo de exploração, o abate simples da árvore, sem reposição da espécie.

Dos animais ágeis ficaram apenas os rastos. Do valente cachorro-do-mato, temido pelos cães de caça e por todos quantos se arriscavam a explorar sua toca. Eliminado particularmente pelo desmatamento irracional, os raríssimos exemplares eram também capturados porque suas peles alcançavam elevadas cotações no mercado internacional.

O mesmo acontecendo com o logo-guará, com fama de atacar pelas costas qualquer animal doméstico, mesmo o cavalo e o boi. Arisco, na verdade se alimentava mais de pequenos animais, vegetais, como a banana e a cana. Como se não bastasse a perseguição dos homens, esse pobre animal ainda era dizimado no Pantanal, por estranha parasitose renal e pelas catastróficas queimadas nos cerrados.

O único bicho que não fugia do homem, o cervo. Ao contrário, sacudia suas ramosas e ponteagudas galhadas, batendo nervosamente os cascos e se acossado, inclinava a galhada e atacava o inimigo. As vezes destripava matilha inteira de cães de caça. Durante o século passado, encontrado fartamente em Mato Grosso sob o nome de veado-galheiro.

Agora restavam poucos exemplares do cervo, nos varjões do Pantanal. Caçado sistematicamente, retiravam-lhe a ornamental cabeça galhada e raramente o couro. Para escapar à perseguição, o cervo tinha desenvolvido nas últimas décadas hábitos noturnos, passando a parte do dia nas matas pantaneiras.

Para salvar o pau-rosa da devastação criminosa a que estava sendo submetida, seria preciso que fossem usadas somente as folhas e os galhos pequenos e não o tronco. Mas não fazia assim o ex-juiz Michelin, reduzido à alcoólatra. Ele sempre bêbado e seus comandados, caboclos analfabetos preferiam a troco de dinheiro e **caña** , derrubar as árvores e de qualquer tamanho...

Ao judeu-francês não importava se o Pantanal iria se transformar em pouco tempo num deserto vermelho no lugar da mata verde, em suas mãos, com o método usado. Afinal ele lutava para enriquecer rapidamente, tornar-se latifundiário para poder criar na região mato-grossense, um local onde pudesse transportar o pessoal da sua raça que já estava habituado com a terra árida.

Seu ídolo, o herói de guerra israelense general Moshe Dayan. Brilhante militar e audacioso, duas vezes vencedor dos exércitos árabes. Como ele, usava um tapa-olho preto que parecia rachar no meio sua fisionomia orgulhosa. O general se vira forçado a usar a venda desde 1941, ao ter o olho esquerdo varado por uma bala quando lutava na Síria, ao lado dos ingleses, contra os franceses de Vichi.

Em outra batalha, também um tiro certeiro estilhaçou o binóculo e o globo ocular de Michelin, impedindo-o sequer de implantar posteriormente um olho de vidro

Herói em sua terra, Michelin, como o militar israelita não desejava o reconhecimento oficial. Esquivava-se de qualquer manifestação, fugia de toda e qualquer homenagem até que estourou o escândalo de sua corrupção.

Alternadamente admirado e criticado, ao longo de sua vida, mas nunca amado nacionalmente, ao morrer Moshe Dayan não deixou seu país em pranto. O mesmo desejava o modesto e obscuro Michelin.

Homem áspero como seu ídolo, Michelin era arrogante e de poucos amigos:

— Não ofereço amizade mas também não peço nada a ninguém...

Quando jovem o judeu-francês Michelin não bebia. Saiu quase um garoto para ir defender Israel, terra de seu país, com a desenvoltura dos heróis solitários.

Até pensava como o mestre:

— Quando entro numa guerra, estou absolutamente convencido de que vou ganhar e sair ileso. Sem isso, você perde... — Dizia para o amigo espanhol Perseu, com quem se afinava mais. — Por isso confio em que vou enriquecer e concretizar meu sonho. Ser dono de muitas terras onde construir um novo Estado de Israel...

Michelin além do francês, língua da sua pátria, falava o idioma de seus pais e árabe fluentemente. Aprendera o espanhol para usar na América do Sul e o português estava aprendendo no dia-a-dia do Pantanal.

Herói, advogado, juiz e extremamente complexado. Considerava-se um deficiente físico por usar a venda num dos olhos e sofria de dores intermitentes de cabeça pelo acidente que lhe roubara a visão esquerda, por isso bebia muito. E também para esquecer, depois que fôra expulso do Supremo Tribunal na França por comprovarem de que além de herói nacional, um juiz corrupto: não passava de réles ladrão...

Mas seu ídolo também não tinha sido acusado na própria terra?

Moshe Dayan além de general era arqueólogo e diziam que os jardins de sua esplendorosa casa no bairro de Zahala, em Telavive, ficaram repletos de valiosas peças arqueológicas e seus bolsos se encheram de dinheiro. As acusações de ter-se apropriado indevidamente de bens nacionais foram tantas que quando visitou o Cairo, como chanceler, em 1979, alguns jornais da oposição, em seu país, comentaram: "Os egípcios tiveram sorte: Dayan foi ao Cairo mas as pirâmides continuam lá"...

Como seu ídolo desabafava, quando herói:

— Não quero que ponham meu nome em nada, nem discursos quando morrer. Nem retratos nem honras. Jamais aceitei títulos ou honrarias pois eles não servem para nada. Para que ter o título de doutor **honoris causa**? Ou você é doutor ou não é. Homenagens póstumas também são outras bobagens: ou você está vivo ou não...

Pegara cadeia, tinha devolvido medalhas e troféus. Michelin trabalhava agora no Pantanal com apenas uma coisa na cabeça: levar para a região, o mais rápido possível, o maior número de judeus. Com o tempo iria transformar o Pantanal numa Israel tropical, confortável, moderna e muito mais ampla...

Quem teria êxito em seus planos? O judeu francês Michelin ou o ítalo-palestino Greg, que pretendia conviver num Estado democrático e pluralista incluindo todos os palestinos — fossem eles judeus, muçulmanos ou cristãos — em bases iguais?

A FILHA

Esiário Diangio estava deitado feito sapo estirado, no chão duro. Apenas uma esteira e sobre ele o corpo grande, mole e vermelho como camarão frito. Melhor, como grande lagosta de bermuda.

Parecia olhar no infinito, mas na verdade punha os olhos nas mantas de carne secando pendurada nos varais.

De repente começaram a voar sobre ele uma centena de grandes formigas. Elas caiam no chão e perdiam as asas. Passavam a caminhar por sobre os canteiros de salsa, coentro, pimenta, cebola-verde, temperos para as carnes e peixes que nunca faltavam na fazenda.

O gordo "Camaleão" assustou-se, mas logo sorriu. Levantou-se rapidamente apesar do excesso de banha e correu apanhar uma lata velha. Ato contínuo passou a perseguir no pátio as formigas voadoras, gritando:

— Tanadjura, tanadjura!...

Como pedindo que todos fossem em seu socorro, ajudando a catar as içás. Outros empregados, além do inseparável Cangas que escovava o Paiaguás, substituindo o desaparecido "Ratopardo", correram apanhar os insetos que caiam e os colocavam na lata enferrujada.

A vida da saúva tentando ser mostrada pela natureza. Da qual faziam parte as operárias, as mais numerosas nos formigueiros e as rainhas ou mães — içás — que geram as operárias.

A correria, em torno do fim do vôo nupcial das tanajuras de vários formigueiros. Com as chuvas fortes e rápidas do verão elas voavam em grandes grupos de milhares e eram fecundadas no ar pelos bitus, os machos pouco menores e mais fracos.

Após fecundar a fêmea, o bitu morre, cai no chão. Deixando na bolsa seminal da fêmea mais de 45 milhões de espermatozóides. Mas como a fêmea precisa receber de 200 a 300 milhões, ela continua voando e recebendo outros bitus. Depois cava um buraco onde põe os ovos durante mais de 20 anos. Nunca mais sai do formigueiro.

Só depois de 3 anos é que vai aparecer a primeira ninhada de operárias. São assexuadas, não se reproduzem. Em seguida, todo ano uma ninhada: 4 mil formigas por ano. Delas uma média de 20% são içás ou bitus que, quando chegam as chuvas de verão, fazem o vôo nupcial.

Das 4 mil que saem de cada sauveiro, 99,97% morrem devoradas por outros bichos, passarinhos, tatus e até mesmo outras formigas. A içá ou tanajura não é perigosa. Nem o bitu. Ambos cumprem sua missão num dia só. Perigosas são as filhas, as operárias, muito mais numerosas nos formigueiros...

A visita de Greg tinha sido inoportuna. Exatamente na hora em que o "Camaleão" entrou na cozinha disposto a preparar o seu quitute, porque o pessoal da casa tinha nojo daquilo.

Por essas e outras, inclusive porque o fazendeiro bebia muito, mãe e filha moravam num anexo construído ao lado da casa-grande. No apartamento isolado, dormiam e faziam suas refeições, tal o asco que tinham de Esiário Diangio.

— Quem gosta de formiga é tamanduá — Gritou Eva, do apartamento. Tenho coisa melhor para comer!... Prefiro filé a "Gregoriana"... — Sinal evidente que tinha visto Greg chegar.

O fazendeiro pegava a içá, e o bitu, tirava-lhe as asas, a cabeça e as patas, quando deu a mão engordurada ao visitanto que só não recolheu a sua, com medo da reação de Esiário Diangio.

— Atcho qui é a cabeça qui dá u gosto de formiga... — Vibrava o "Camaleão" babando de espectativa tentando explicar ao ex-jornalista que também só não virava a cara, por receio da ofensa — É só porvá, moço. Exprimentô, fica gostando a vida toda! Dgenti, é gostosa dimais. Mió que petxe!...

O bugre Cangas, fiel escudeiro já estava com a lata de óleo na mão — sem descuidar do revólver na cinta — para preparar o içá, uma herança deixada pelos índios.

Esiário Diangio esquentou uma frigideira durante uns 10 minutos, com óleo estrangeiro e alho, salgou levemente os corpos dos bichos e jogou-os dentro.

Como o visitante rejeitou o convite para experimentar o prato que o fazendeiro adorava, o "Camaleão" defendeu:

— Camarão ocê comi! E camarão comi dgenti morta, sabia? Enquanto a tanadjura fica debatcho da terra, limpinha, até avuá!...

Greg como estudioso amador de insetos sabia ser a fêmea da formiga saúva realmente nutritiva porque a parte aproveitável, o abdomem, é só gordura e a bolsa seminal; mas não se atrevia a experimentar.

Como sabia também ser a içá exportada para os Estados Unidos, onde torrada e coberta de chocolate era vendida em latas!...

Greg não fez questão de disfarçar o sotaque italiano como fazia comumente. Afinal estava diante de um **oriundi.** Não era o fazendeiro um legítimo descendente de italianos? Não só pelo nome como pela cor dos velhos bebedores de **vino,** olhos claros, e o sujo cabelo que um dia fôra amarelado?...

Com Perseu fora da jogada, a vida amorosa estava melhor para Greg. Mas em compensação havia aumentado o seu trabalho, o que dificultaria sobremaneira sua ida à fazenda para tentar ganhar definitivamente Lemira. Dai ter forçado àquela visita.

O chefe "Tenente Xaréu" achou por bem, com o desaparecimento do espanhol, que o ítalo-palestino passasse a cuidar também do setor de exploração de minérios. Seria provisório, até um estudo melhor para definir a situação que por sua vez tinha um agravante, o chefe queria ampliar o campo das explorações que passaria a abranger **todos** os minérios, de muito valor na região pantaneira.

Não seriam mais pesquisas só sobre ouro, diamantes e pedras semi-preciosas, como até ali tinham feito. Os estudos iriam atingir o minério atômico urânio...

Para fazer média com o anfitrião, Greg aproveitou a deixa, enquanto o gordo enxugava as mãos engorduradas na enorme bermuda que parecia um circo florido, para explicar, quando a içá vai para seu ninho por os ovos e fazer formigueiro, leva consigo uma espécie de fungo e fica se alimentando dele. Ela só existe em função desse fungo, que por sua vez só existe porque é cultivado como todo carinho pela içá. Esse é o melhor exemplo de simbiose na natureza, entre os reinos vegetal e animal. Trata-se de uma interdependência perfeita.

Quando a "Pérola do Pantanal" e a "Maja Desnuda" vieram do apartamento, independente da casa, e entraram, como sempre a sala ficou mais iluminada. Chegaram perfumadas como se tivessem saido do banho para receber ao visitante. Belas flores, contrastavam com o fazendeiro que parecia um sapo lambusado, brilhando pelas gorduras das içás e pelo excesso de **caña** que já havia ingerido. Seu vermelho profundo passou para o leitoso numa rapidez estonteante ao ver as mulheres com pouca roupa. Como se aquilo fôra novidade.

O uso de muito tecido parecia incomodar as mulheres. A garota usava um shorte curto sem sinal nenhum de que havia outra peça por baixo. Em cima, uma pequena blusa mostrava os contornos dos bonitos seios, duros, com os bicos querendo sair para fora do pano. A mãe não fazia por menos. Eva trajava uma míni-sáia que quase nada cobria das pernas perfeitas e nada mais do que uma blusa decotada apenas tentando cobrir os seios volumosos, apetitosos como dois maduros mamãos.

O índio, que não largava do patrão, engulia em seco. A Moana, como ele chamava Eva, estava realmente deslumbrante! Se bem que a filha, Luna, não fazia por menos...

O convite para o jantar foi feito. Como aperitivo o uisque substituído naquela casa pela **caña** paraguaia. As mulheres nada tomaram. O assado de porco-monteiro veio em seguida fumegando acompanhado de arroz com legumes.

Quando o gordo fazendeiro deu um mal disfarçado arroto produzido pela quantidade de tanajuras, Greg, achou ser o momento oportuno para justificar a visita fora do trato, o de somente se encontrarem na fazenda, no fim de semana. Mentiu explicando que tinha encontrado uma pista, tudo indicando que o espanhol havia mesmo caido fora da quadrilha...

Prosseguiu inventando. Um homem vira, quando o ex-padre fugiu na calada da noite. E Greg ficou de apurar mais detalhes da fuga, pedindo ao fazendeiro que ficasse descansado.

O café encerrou o jantar. O fazendeiro imediatamente, como de hábito, subiu para o quarto dispensando o guarda-costa Cangas, deixando mulher e filha fazendo companhia ao visitante. Que logo se vendo livre procurou puxar as mulheres para conversar na varanda.

O barulho no sótão aumentara. Parecia fantasma arrastando correntes cobertas com panos...

Duas horas de conversas banais, Greg achou que tinha sido prazo mais do que suficiente, para o gordo velho ter pego no sono profundo. Devia estar já sonhando com lindas e gordas tanajuras, tal a quantidade de comida e cachaça ingeridos...

Estava na hora de começar a atacar Lemira por todos os lados conforme seu plano, sem perda de tempo.

Quando Eva convidou para que os três fossem para a piscina refrescar na noite quente, o italiano achou que seus projetos tinham saido melhores do que o esperado.

E não tinha mais dúvida que sim com a cena que se esboçava. Enquanto a filha foi ao apartamento trocar-se e apanhar um calção para o visitante, Eva, começou por desabotoar a camisa de Greg. O homem pos-se de pé imediatamente com a agradável surpresa de quem pretende caçar uma coisa e acaba surgindo outra talvez melhor. Na verdade o ítalo-palestino não saberia escolher a melhor caça, das duas.

A calça justa do homem passou a incomodá-lo, quando abraçou Eva e lhe deu um beijo na boca. A mulher foi descendo e passou a beijar o peito peludo de Greg, ao mesmo tempo em que desabotoava sua calça. O homem só ficou aliviado quando a delicada mão tirou seu pênis para fora. Eva ajoelhou-se passando a língua de baixo para cima naquela peça de carne dura e finalmente abocanhou-a furiosamente. Num só golpe enfiou parte do membro de Greg na boca. O italiano suava a não mais poder se contorcia e suspirava de prazer até que finalmente calou-se e caiu sentado na cadeira...

Quando Lemira chegou com o calção para o visitante, o homem estava pálido e murcho enquanto a insaciável Eva sorria.

Aos poucos, pálido, Greg foi se recuperando do choque. Só aí viu o monumento de mulher que estava na sua frente. Lemira chegara com um minúsculo biquini rosa, tão pequeno e transparente parecendo uma calcinha, na frente. Atrás, apenas um cordão enfiado no rego deixava as nádegas totalmente de fora. Um "mini-fio dental". O tecido desaparecia no meio daquela carne bem proporcionada, bem distribuida nos seus devidos lugares.

Da mãe, diziam que haviam implantado silicone nos seios e nos lábios e feito várias plásticas. Mas o que dizer da filha dona de corpo perfeito, de linhas harmoniosas? Pele morena e mais perfumada do que nunca. A blusa com que ela se apresentava, bem menor do que a exibida durante o jantar. Seus olhos verdes e o sorriso alvo ficaram ainda mais belos a noite.

Eva pediu licença e retirou-se deixando Greg e Lemira na beira da piscina. O ítalo-palestino começou a conversar procurando se recompor e fazer hora para o segundo tempo que prometia muito naquela noite feliz. Realmente seu plano tinha dado certo. Melhor até do que imaginara. Depois de tudo ainda tinha a bela garota em suas mãos a sós, sem ninguém por perto para atrapalhar. Estava bom demais.

Pediu licença e entrou para trocar-se na cabine ao lado. Tomar iniciativa parecia ser privilégio das mulheres daquela casa. Foi só o homem voltar, tomando Greg pelas mãos a formosa jovem deu-lhe um demorado beijo na boca, caindo os dois juntos na água morna. Lemira nadava bem, não era a toa que tinha corpo tão bem feito, bonito e apetitoso.

Bulinaram-se até não mais poder dentro da água. A moça sempre tateando o italiano não deixando que ele também parasse com as carícias em seu corpo. Ambos já estavam nus tamanha a luta amorosa. Até que resolveram sair da água para completar o serviço na relva do jardim que rodeava a piscina.

Greg não suportando mais, saiu violentamente e puxou a moça para a borda. O luar iluminou o corpo moreno e perfeito de Lemira que sem nenhuma peça de roupa, sorria chamando o homem para seus braços. De brincadeira ela pediu a pulseira que Greg trazia no pulso. No tirá-la, ansioso que estava para possuir a estátua de carne, Greg deixou cair a jóia de ouro. Lemira ficou de quatro para apanhá-la, na grama. O homem ágil, mais do que depressa puxou o traseiro da jovem para junto de si murmurando:

— **Viene** para mim, meu tesão de tanajura. Deixa eu colocar no teu ninho meus milhões de espermatozóides. **Viene** minha fêmea formosa, satisfazer este bitu amoroso e ancioso...

A moça não resistiu, apenas um gemido abafado para não chamar atenção, saiu da sua boca bem desenhada, naquela posição que não conhecia. Seus olhos verdes fecharam-se. Uma lágrima desceu da face de Lemira, iluminada pela lua. Ainda virou o rosto para receber um beijo na boca e enrolar sua língua com a de Greg.

Novo suspiro e o sorriso branco da jovem bonita voltou a reforçar a luz do luar...

A MATA

Conhecer a natureza é nos colocar em harmonia com todo o universo. Destruí-la, representa a extinção da vida humana.

Como profetas do apocalipse, os cientistas e pesquisadores ciosos de seus deveres, tem alertado para os perigos da derrubada da mata de modo bárbaro e irracional.

Mas de nada adianta. Derrubam florestas para fazer pastagens. E plantam árvores no lugar dos pastos, para reflorestar. Que lógica é essa?

O homem não vai mais ao rio pegar peixe e sim para pescar dinheiro. No final, os autores desse vandalismo gratúito serão as grandes vítimas da desenfreada destruição. Porque esquecem, de que antes do homem surgir foi feito um jardim para abrigá-lo e esse mesmo homem ao destruir o que o rodeia, está destruindo a si próprio...

Quem filosofava, um empregado da quadrilha. Lenhador, mas não de primitivo machado, já de serra elétrica.

Levantava quando ainda escuro e esperava a hora de entrar firme no trabalho. Esvaziava o intestino na hora da meditação. Na beira do rio pensava e jogava papel picado na água, assistindo o alvoroço dos peixes avançando em cardumes para abocanhar.

A madrugada chegava nas matas pantaneiras. Na semi-escuridão, bicudos, patativas, choquinhas, voavam sobre a floresta de pau-ferro, jacarandá, sob o canto ao longe da araponga.

As estações de rádio iniciavam as notícias para os contrabandistas do tipo "Justino avisa Gabriel que estará as tantas horas na fazenda tal". O recado indicava quando e onde os policiais encarregados de repressão estariam naquele dia...

Vivia num país de contrastes, onde imperava pouca fiscalização e muita corrupção. O orgão encarregado do controle, o falido IBDF pouco fazia, enquanto a vibrante e poderosa Cacex incentivava, anunciando plano para melhor exportação de peles de animais silvestres...

E alguns homens através dos livros, alertavam inutilmente que não se tratava de preservar somente pássaros raros, onças e jacarés e sim todo o ambiente, porque as consequências do desequilíbrio ecológico seriam terríveis na região...

Logo mais na fresca manhã, alguns poucos machados e muitas serras anunciariam a destruição da avifauna original. Através da derrubada em busca de madeira de lei, mogno, maçaranduba, pau-roxo, acaçu, cedro, ou simplesmente para limpar terreno, sem replantio; mais as queimadas das matas onde os pássaros faziam seus ninhos, sem contar a caça predatória.

As aves ficavam mudas.. Sem canto a floresta de ipê, jequitibá, castanheiro, jatobá virava túmulo. Iam embora jaó, macuco, mergulhão, mutum, jacutinga. Não mais se observava voando o pintor-verdadeiro, o canário-da-terra, o azulão, o sabiá-laranjeira, o trinca-ferro.

Na mata, o menor ser tinha sua razão de viver. Desde o mais simples como a mosca que tanto incomodava, até a anta e o peixe-boi, maiores mamíferos da selva brasileira.

Cada bicho com suas características como jóias da natureza, ora piscando sua luz como o errante vagalume, ora pairando no ar como o frágil colibri...

Antes que o sol surgisse, a aranha tentava numa cochilada da mosca, apanhá-la, mas estava difícil. Se aproximarmos um objeto de uma mosca, de qualquer ângulo que seja, vemos que o inseto levanta vôo sempre antes de ser tocado. Por isso é difícil apanhá-lo. Essa capacidade para estar sempre alerta deve-a a mosca, aos seus olhos. Embora seja certo que a mosca é uma praga e deve ser destruida, não deixa de ser uma maravilha da natureza. E o mais maravilhoso nesse inseto são seus olhos enormes que ocupam quase toda a cabeça.

Vendo um olho de uma mosca suficientemente aumentado, verifica-se que é formado por cerca de 4 000 facetas lisas e transparentes, cada uma das quais recebe a luz de um ângulo diferente. Com um microfilmador, chegou-se a ver um pelo de aranha refletido em cada uma dessas facetas, isto é, 4 000. Cada faceta é uma lente perfeitamente calculada e acabada. Com 8 000 sentinelas alertas, uma mosca não se deixa apanhar desprevenida...

Mais abaíxo, num arranjo floral, a natureza sempre apresentando novidade, orgulhosamente exibia o inseto que virou planta. Uma crendice com fundo de verdade.

O formigão tocandira que se transformara em cipó...

O temível inseto imobilizou-se e pouco a pouco suas pernas se estenderam, transformando-se em raízes, enquanto o corpo, mais vagarosamente, seguia a evolução, até transformar-se de todo em cipó.

Mas o que causava o fenômeno, que há alguns espantava?

Simplesmente a formiga tinha engolido semente do timbó, que depois havia gerado essa planta, em sua barriga. Ao morrer a formiga, a plantinha nascia e crescia no seu corpo.

A mudança brusca na volta de poucos dias, á vista de todos, de animal em vegetal, sem as etapas conhecidas e demoradas da natureza.

Das extremidades das patas brotavam fios verdes e o pequeno inseto adquiriu logo assimilado pela mata, formas variadas de festões, de fios que decoravam e embelezavam a floresta. O tóxico fulminante ingerido tombou o inseto que caido na forquilha da árvore transformou-se num receptáculo, minúsculo vaso animal como se ali fôra plantado o cipó. A força criadora do ambiente fez o resto.

Acontece que as formigas, como outros insetos, ainda que menos freqüentemente, as vezes são atacados por certos fungos. Uns, fungos-saprófitos, aparecem somente nas formigas mortas e desenvolvem-se à custa do corpo que se acha em decomposição. Outros fungos-parasitários, atacam formigas vivas e provocam sua morte.

Sejam saprófitos ou parasitários, as várias espécies destes fungos possuem formas curiosas e quando chegam até certo ponto de seu desenvolvimento, o cadáver da formiga ou qualquer outro inseto toma um aspecto descomunal. Assim, algumas partes do corpo ficam envolvidas por filamentos, quando das outras partes saem compridos pedúnculos terminados com cápsulas contendo espóros e tudo isso, as vezes é brilhantemente colorido.

Naturalmente, este aspecto varia, dependendo da espécie do fungo que se apoderou da formiga e também da fase de seu desenvolvimento.

Na verdade se dermos asas a nossa imaginação, encontrando algum exemplar de formiga em decomposição, atacada pelo fungo, podemos considerar o achado como um vaso em miniatura, com planta em germinação...

O alarme já tinha sido dado. O ex-jornalista ítalo-palestino Greg, também havia desaparecido. O segundo homem em pouco tempo a desaparecer misteriosamente nas matas pantaneiras.

Como o primeiro, suas roupas e objetos de uso pessoal estavam intactos. Até o carro tinha sido encontrado em lugar fácil nas terras da fazenda, com os planos completos de um lugar no Pantanal onde os palestinos poderiam viver livres de perseguições, no futuro. Dentro dele a Beretta e a espingarda Lupara.

Alguma coisa de muito grave estava acontecendo e poderia trazer problemas para a quadrilha que andava apreensiva. Se fossem fugas simplesmente, poderiam acarretar conseqüências sérias para todos. Aqueles dois homens estranhos, estrangeiros, vagando pelo Pantanal carregando fortunas (não fugiriam de mãos abanando), poderiam despertar a atenção da polícia. Presos confessariam tudo uma vez que eram senhores dos planos da oganização. Nunca se fez segredo com os homens do primeiro escalão; todos de extrema confiança.

O baiano "Tenente Xaréu" perdeu o sono de tanto pensar. Mobilizar o pessoal, a primeira medida a ser tomada. Reunidos, surgiria uma idéia esclarecedora. O mistério seria desvendado. No caso de fuga, os desertores ainda poderiam ser interceptados há tempo. O Pantanal era enorme, mas grande também os recursos e os poderes da organização criminosa. A quadrilha possuia aviões, carros, lanchas, um serviço de comunicação por rádio, perfeito e principalmente muito dinheiro, para pagar qualquer informação e posteriormente silenciar...

Os primeiros avisos para a convocação de urgência, já tinham sido providenciados.

Nas matas afastadas onde um exército de madeireiros destruiam as florestas como bando de esfomeadas formigas humanas, o chefe deles o ex-juiz Michelin recebeu a comunicação de maneira curiosa. Um peão bateu na porta do barraco de madeira, nas primeiras horas da madrugada e deu a notícia. O judeu-francês acordou assustado, de ressaca e na hora em que morcegos hematófagos (que se alimentam de sangue) o cercava. Ainda no escuro da rústica habitação tentou dar murros em alguns deles não atingindo o alvo, a única coisa que derrubou foi a garrafa de **caña** paraguaia quebrando-a. Soltou uma maldição, não pela morte do companheiro de bando, de quem não gostava por motivos políticos e sim por ter perdido o aguardente que alastrou-se por sobre o maço de palmito apanhado na véspera e o pote de mel.

Ascendeu o lampião, passou a mão no rosto e sentiu que estava molhado. Olhou num pedaço de espelho dependurado na parede, viu sangue. Abriu nova garrafa e tomou dois goles pelo gargalo, colocou a venda para cobrir a cavidade ocular. Depois é que foi abrir a porta para receber o recado completo inclusive com a convocação.

Michelin não era bom conhecedor de matas. Só sabia destruí-las. Desconhecia que existiam na região três tipos de morcegos: os frugíveros (que se alimentam de frutas), os insetívoros (só vivem de insetos) e aqueles que o atormentavam naquela madrugada. Infelizmente os piores deles: os vampiros.

Os bichos como ratos voadores haviam deixado a fantasia e se aquartelaram sobre a cama do europeu apavorado. Homem de jamais acostumar no mato; tinha medo de tudo, desde o barulho das aves noturnas até de pequenos insetos. Naquela madrugada, como sempre ocorria, ele estava tão bêbado, que confundiu o ataque com pesadelo.

Os morcegos hematófagos multiplicavam-se de modo assustador e impressionante naquele trecho do Pantanal em que o francês comandava a derrubada irracional. Indistintamente punham abaixo tudo o que era verde. E a razão do grande aparecimento do animal voador, uma só: o desaparecimento de seus inimigos naturais, os gaviões.

Ao se trocar, não ficou preocupado com o motivo da reunião, "só porque o Greg tinha morrido" e acabou esquecendo o fato de estar marcado no rosto pelos vampiros. Só voltou a pensar já pronto para ir à sede da fazenda, quando um dos peões olhando para o rosto manchado do chefe preveniu-o da gravidade.

— Cuidado, esse bicho causa loucura. E o senhor pode alastrar o mal por todo o acampamento...

Michelin ao tomar o café-com-**caña**, da manhã, procurou conversa com outro rapaz que parecia ser mais esclarecido, tinha instrução de farmacêutico. Mais impressionado ainda ficou com a descrição.

— A raiva é uma doença incurável e infecciosa, provocada por vírus que os morcegos podem tansmitir ao chupar o sangue de sua vítima! Todo animal que contrai o mal morre no máximo em oito dias...

Sim tudo isso sabia, afinal era um juiz de direito, não um idiota. Mas queria detalhes. Falavam tanta coisa na selva como ali no Pantanal, que as vezes não passavam de exagero de caboclos passados pelos índios. E se os morcegos não fossem hematófagos? Mesmo sendo, podiam não estar contaminados...

Apavorado o judeu-francês ajeitou mais ou menos os longos cabelos amarelos e escorridos e meteu o chapéu de aba larga por cima, sem antes ajeitar bem a venda preta sobre o olho. Apanhou a foice e subiu no jipe, mais do que depressa dirigiu-se à sede da fazenda. Agora, duas as preocupações: a chamada urgente que sabia ser a convocação para trabalhar mais fazendo o serviço do desaparecido e o fato do morcego haver chupado sangue de seu rosto durante a madrugada.

O jipe parecia voar nos atalhos abertos, jogando galhos

para todos os lados, podando samambaias, amassando capim gordura. Teria sido inoculado pelo vírus da loucura e os efeitos já estavam chegando? Melhor guiar mais devagar. Não era assim que a doença se alastrava exterminando rebanhos de bois e cavalos, conforme o peão falara? Além do que, a doença uma vez manifestada, não tinha mais cura. Isso ai, não tinha cura...

O alcoólatra parou o carro, apanhou a garrafa de **caña** e mandou três goles...

Finalmente chegou pendendo na sede e foi informado oficialmente do desaparecimento do companheiro e inimigo político. Fez força para não sorrir...

— Mas como é possível? — Ainda perguntou cinicamente para disfarçar sua alegria — Conversamos muito e nunca notei qualquer manifestação de fuga por parte de Greg. Mas diante do ato, não resta dúvida, ele debandou.

Michelin, muito sensível, encenou e alguns acreditaram realmente que o sumiço do amigo o abalara. Mas foi o fato do morcego ter chupado seu sangue que o derrubou. Abatido, com medo, caiu na cama. Na verdade, só pavor do bicho voador, já que não sentia nenhuma manifestação da doença, a não ser violenta ressaca.

Um quarto tinha sido preparado às pressas para o medroso, próximo a sede da fazenda, numa casota de barrote (pau-a-pique) cheia de arreios, couros, armas e sapiquás. Mandaram buscar o médico para que examinasse o impressionado homem. Problema maior: pegar o francês sóbrio, que bebia até na cama.

Sorte que quando chegou, o "Dr. Jaburu" estava meio bêbado como o "paciente" e os dois "falando a mesma língua" passaram a se entender:

— Pensei que fosse algo quebrado, trouxe melado de aroeira. É santo remédio, conserta torções e fraturas...

Entre uma rodada e outra não de remédio mas de **caña** paraguaia o médico crivou o francês de perguntas, para em seguida consolá-lo. Não era sempre que surgia para o velho beberrão a oportunidade de executar o pouco de língua estrangeira que conhecia.

— Calma **monsieur** Michelin. **Tout va très bien.** Vamos fazer uns exames de rotina e o **monsieur** ficará em observação. Não é pelo fato do bicho ter sugado seu sangue que o **monsieur** ficará louco. O animal pode não estar contaminado, **bien...**

Pela literatura clássica o médico sabia que todo animal que contrai a raiva morre no máximo em oito dias depois do aparecimento os primeiros sintomas. Evitava falar com o paciente sobre o assunto para não agravar o estado, mas o francês medroso, assustado demais, insistia. Uns goles de ambas as partes e o velho doutor já de boca mole e língua solta resolveu matar o assunto:

— Calma **monsieur** Michelin, também não é para assustar. Já vi caso de um cavalo que mesmo louco resistiu quinze dias...

O "Tenente Xaréu" chegou tão nervoso quanto o subalterno. Não era para menos, agora tinha dois homens de confiança desaparecidos misteriosamente e um terceiro no estaleiro. Assim a produção ia descer. O trabalho acabaria recaindo sobre suas costas...

— Óxente. É muito azar. Assim não dá!... — Reclamava o baiano — Vamos dinamitar aquelas cavernas próximas do acampamento madeireiro, é lá que os malditos sugadores de sangue se escondem para atacar no escuro!...

Dinamitar esconderijos. Não estava ali a melhor maneira de resolver o problema. Pelo contrário, iria agravá-lo. A medida devia ser descartada. A explosão acabaria matando também os outros tipos de morcegos inofensivos, que vivem com as espécies hematófagas e que interferem na polinização das plantas e no equilíbrio da população de insetos. O melhor método de combate consistia em aplicar ao corpo de um morcego hematófago, pomada anticoagulante soltando-o em seguida. Os morcegos da mesma espécie tem o hábito de se lamber. Assim, para cada um que é besuntado, morrem pelo menos vinte.

A notícia de que o francês atacado poderia levar a raiva, chegara (como todas as outras) ao ouvido do fazendeiro. Mas não como novidade:

— Tchega di frescura, de quem vem di londgi! Djá perdemu muitos boi e cavalo por aqui, pelo mermo motivo e dai? Um animá a mais ou a menus!...

Para o naturalista velhinho, o "Dr. Jaburu", sempre meio bêbado, único médico da região, tudo estava na mais perfeita ordem. Acostumado a curar só mordida de cobra e fratura por queda de cavalo:

— Se fosse pisadura de cavalo, receitava óleo de capivara, para cicatrizar...

Ninguém conhecia seu verdadeiro nome, mas chamavam-no de "Dr. Jaburu" por ser pequeno e andar sempre de paletó preto desbotado. Assim como é comum se chamar a ave jaburu de filósofo do Pantanal, pelo seu jeito curvado de andar, lembrando mais uma pessoa caminhando a passos lentos pensando na vida. A ave com seu metro e meio lembrava muito o médico baixinho pendendo e meditando. Só faltavam a maleta e os óculos na ponta do nariz.

Estava tudo bem para o doutor, porque o homem em observação atacado pelos morcegos, ao invés de apresentar os sintomas clássicos — excitação e agressividade, tornara-se melancólico e apático. O que na realidade também não fugia muito, alguns animais contaminados agiam dessa maneira...

Os dias indicados pelo "Dr. Jaburu" para a observação foi completada. O teste revelou-se negativo. Com a última visita do velhinho de preto e sempre chumbado, o paciente foi liberado. Não havia mais perigo, poderia dali para frente "tomar todas de leve novamente", brincou (e brindou) o médico. Tudo não passara de um grande susto, o que foi logo comemorado por novos goles de **caña** pelos dois.

A notícia correu de boca em boca na fazenda. Não demorou para Lemira ir visitar o alto e magro homem, já curado. E acompanhada da mãe...

No cubículo cheio de porungos, panelas de ferro, talheres de latão, bêbado pela satisfação de não estar contaminado e ao mesmo tempo pelo desaparecimento do adversário político, o francês preguiçosamente nem levantou a cabeça do travesseiro para saudar as visitantes. Visitas sem sombra de dúvida para levantar qualquer doente.

Como tomar iniciativa era muito da família, Eva sentou-se aos pés da cama sem cerimônia. O curto vestido verde de ramagens brancas subiu até as coxas. Lemira também não esperou ser convidada. Afastou a garrafa de cana e sentou-se sobre o criado-mudo. No alto uma candeia de fraca luz mantida por óleo de copaiba, dependurada, mal iluminava o ambiente onde tinham alojado provisoriamente o agora convalescente. À mulher apanhou a rede estendida e jogou-a sobre o jirau coberto de couro que escorava um canto da parede sem reboque.

Empurrando a foice para baixo da cama Eva iniciou a conversa com o homem meio alegre e desanimado ao mesmo tempo, que apenas sorria sem graça. Na verdade não podia parar nem deitado tamanho o porre. Michelin olhava as mulheres visitantes com indiferença. Ria as vezes como autômato, sua mente parecia estar longe, muito distante daquela realidade palpável.

Afastando volumes onde empilhavam cangalhas, jacás e couros de boi para dormir, começou:

— Vim para massagear o doente. Sabe que tenho método especial para levantar francês da cama? E infalível. Se você não gostar nem precisa pagar o tratamento. Sou especialista com muita prática e trouxę até auxiliar, veja que enfermeira de primeira. Vamos experimentar? — Falou bem baixinho, Eva, encostando a ponta da língua na orelha de Michelin.

O homem encolheu-se todo, arrepiou e arregalou o único olho. Parecia estar vendo assombrações. E antes que Michelin falasse alguma coisa e mão pequena e macia de Eva foi penetrando por baixo das cobertas até alcançar as pernas frias, compridas e magras do judeu-francês. No tornozelo havia uma correntinha com placa de identificação usada no exército, onde constavam nome do soldado, tipo de sangue, data do nascimento etc.

A mulher massageou a canela, subindo para as coxas do homem de corpo frio, tateando como a procura do ponto máximo. Com a busca acabou entrando por baixo das cobertas...

Lemira por sua vez, enclinou-se sobre o doente. Com as mãos penteou os cabelos loiros e compridos de Michelin. Ajeitou o pequeno pano preto que ele trazia no lugar do olho esquerdo. Acariciou seu rosto inchado pelo excesso de bebida, passou os dedos nos lábios frios, chegando mais para beijar a boca do francês.

No movimento seus seios sairam da vermelha blusa excessivamente decotada. As mãos frias e secas do homem hipnotizado com a cena, passaram a mexer e ter o que acariciar.

Parecendo ter descoberto um tesouro no comando da dupla massagem, como fera acuada na penumbra, num salto Eva saiu debaixo do cobertor dirigindo-se às pressas em direção da lamparina que ficava no centro do pequeno quarto, apagando-a.

Em seguida as duas mulheres despiram-se rapidamente e deitaram na cama: uma de cada lado do corpo do judeu-francês que de gelado passou a tremer e a arder como vitimado por repentina febre.

As fêmeas apossadas de incontrolável fúria disputavam o lugar principal; revesaram-se no prazer por longo tempo como se tivessem achado o instrumento de tamanho ideal, o melhor encontrado até ali...

O homem que além do trabalho de destruição, só pensava nos planos de reunir os judeus do mundo, no Pantanal, e que parecia ser o único naquelas paragens a não se interessar pela mulher nem pela filha do fazendeiro pantaneiro (diziam que o ex-juiz por ser alcoólatra era impotente), acabou ganhando de mão beijada sem dar em cima, a "Maja Desnuda" e a "Pérola do Pantanal", na mesma cama e à mesma hora. Só que lhe custou a virgindade...

O DESAPARECIDO

A floresta estava diferente. Havia alegria no ar. Algo que não se podia descrever mas sentia-se a diferença.

Os biólogos sabem há muito tempo que algumas árvores vitimadas por pragas, conseguem modificar seu metabolismo e aumentar os indícios de compostos tóxicos em suas folhas, tornando-se, assim, indigestas aos insetos que as devoram.

Chega-se agora a outra conclusão ainda mais intrigante: as árvores não só se defendem como são capazes de avisar as outras de que estão sendo atacadas. E assim as plantas vizinhas podem deflagrar seus mecanismos tóxicos de defesa antes mesmo de visitadas pelos insetos.

As deduções hoje, na verdade indicam, nada menos, que as árvores falam. Pesquisadores chegaram a esse resultado depois de estudar durante anos uma reserva de salgueiros submetida a invasão de famintas lagartas.

As árvores pareciam comunicar-se entre si não com palavras, é claro, mas com sinais químicos, nítidos e eficientes como qualquer vocabulário.

Os cientistas notaram, primeiro que árvores distantes

até 60 metros das plantas com lagartas nas folhas exibiam altos níveis de tóxicos. Ou seja, elas se valiam inexplicavelmente das mesma defesa natural utilizada pelas plantas afetadas. Depois de constatar que as raízes dessas árvores não mantinham vínculos subterrâneos, os pesquisadores concluiram que as árvores devem enviar suas mensagens de alerta pelo ar.

Lançadas ao vento, nuvens de substâncias químicas conseguiriam realizar essa tarefa – concluíram os homens de ciência.

Os cientistas não conseguiram ainda, identificar qual a substância química que levaria a mensagem de uma árvore a outra. Já existe porém, um candidato a correio do bosque, das matas, das florestas, o gás etileno que se desprende naturalmente em grandes quantidades tanto de árvores afetadas por pragas como de plantas sadias.

Há possibilidade de que seja ele o condutor da mensagem química.

Há também uma utilidade prática a se tirar da descoberta: se os cientistas conseguirem isolar a substância que protege as plantas, será possível fabricar com ela um poderoso pesticida natural.

Um produto capaz de proteger florestas inteiras sem prejuízo ecológico...

As árvores desta vez pareciam enviar não mensagens aflitivas de perigo, mas alegres, como se estivessem livres de um malfeitor, um destruidor de florestas...

Desta vez custaram para dar por falta do terceiro homem.

Michelin não aparecia para orientar a derrubada das matas e os peões não estranharam porque julgaram que ele ainda se encontrava em tratamento na fazenda. Enquanto que na fazenda pensavam que o homem tinha partido junto dos trabalhadores em busca de mais madeira.

O "Tenente Xaréu" chegou esbravejando mascando o charuto; espumando de ódio. "Cuchara Deloro" mastigava mais depressa do que o normal as folhas do arbusto que só floresce em solo latino-americano e o "Napoleão da Selva" passava a mão nervosamente no cabo do seu Smith & Wesson.

O barbudo baiano foi informado pelo fazendeiro que na última noite em que o francês passou no improvisado quarto, teve a assistência do médico e partiu com destino ignorado, porque tudo indicava que o mal havia se positivado. Ele era mesmo portador da incurável raiva.

— **Homo homini lupus!** (O homem é um lobo para o homem!) — Gritou o "Tenente Xaréu", baixando o nível. — Óxente. Vou repetir, homens que eu escolho e comando não pedem piníco. Foi tocáia! Só pode ter sido vítima de emboscada, como os outros dois!

Incrédulo com tudo em sua volta, o barbudo da boina preta gritava cada vez mais. Mandaram chamar o tal "Dr. Jaburu". O velhinho até que veio rápido (apesar das pendidas) e receitando:

— Se for bronquite, o remédio é gordura de sucuri...

O médico confirmou, tinha estado com o doente. Passando por ali horas da noite (o doutor parecia alma penada vagando em busca de bebida), encontrou o paciente ardendo em febre, sonhando de olhos abertos com lindas mulheres. Seu estado de saúde se agravara e o "Dr. Jaburu" suspeitava que o homem delirando estava com sintomas da raiva. Só falava em bonitas mulheres nuas, que na sua cama estiveram duas delas. Enquanto o velho médico cambaleando pelo excesso de álcool foi buscar alguém para que o ajudasse no transporte do enfermo, o tempo foi suficiente para o estrangeiro fugir. Pela madrugada não havia o menor sinal do judeu-francês. Nunca mais fôra visto...

— **Testia unus, testia nulus.** (Uma testemunha, nenhuma testemunha)... — Comentou baixando a voz. — No Pantanal não há malária, esquistossomose ou doença de Chagas, mas tem esse doutor!...

Como não se conformava com as outras contadas nas vezes anteriores.

Três homens de confiança desaparecidos. Não levaram suas armas, seus pertences, objetos de uso pessoal, nem malas com roupas, — Fugiram como, se os veículos (seus jipes) fôram encontrados em pontos diferentes nas terras da fazenda? Saíram como? De que jeito? Os aviões não usaram, e outros não pousaram em nossos campos! — Voltou a berrar o barbudo "Tenente Xaréu".

— Pelos rios, **por las aguas tibias** em simples barcos — Falaram quase em coro os castelhanos "Cuchara Deloro" ajeitando a colher de ouro, sem tirar da boca a massa de folha de coca, colocada na deformada bochecha direita, e o "Napoleão da Selva" atrasando um pouco devido a tosse. E ambos completando em portunhol — **Los** rios não deixam rastos...

O "Tenente Xaréu" não entregou os pontos. Pelo contrário, endureceu mais o jogo. Na reunião convocada mexeu no assunto delicado que ninguém até então tocara. Exigiu a presença da mulher e da filha do fazendeiro Esiário Diangio, o intocável senhor da centenária casa-grande, rei daquele pedaço pantaneiro; homem de jamais obedecer a alguém e nem atender à mais leve sugestão. Tudo tinha que partir dele. Assim era o "boi-baguá" e assim deveria permanecer.

A convocação de chofre deu a entender ser as duas mulheres semelhantes a aranhas viúva-negras que após o acasalamento devoravam os machos.

A bomba do tereré caiu-lhe da boca.

Substituiu rapidamente o líquido. Tomou um trago de **caña** na guampa e jogou porção de tabaco na boca.

Passando do vermelho para o branco sem passar pelo rosa, o "Camaleão" ficou indignado com a sugestão, mas aceitou a proposta para evitar qualquer suspeita com relação ao envolvimento de sua família nos desaparecimentos daqueles homens.

O silêncio passou a reinar como a espera do pior. La fora apenas o chamado agoniado da esquiva jaó parecia prenunciar tragédia.

O guarda-costa ao notar a aflição do patrão largou a zagáia — uma lança de madeira com que o índio matava onça — que estava lixando, chegou a tirar a Mauser da cinta. Tinha mais ciumes do que o patrão, apenas não podia demonstrar, afinal Moana apesar de não querer nada com o empregado, representava o ar que ele respirava...

— Óxente, não quero saber de mais nada! **Si vis pacem, para bellum!** (Se queres a paz, prepara-te para a guerra!)...

O baiano não se atemorizava.

Lemira de pronto atendeu o convite e na frente de todos confirmou que seu noivo, o ex-padre espanhol Perseu lhe confidenciara estar desconfiado de que o ex-jornalista ítalo-palestino Greg queria envenená-lo com peçonha extraída de sapo. Ele não entrou em detalhes mas citou a suspeita, inclusive já estava sentindo sintomas de envenenamentos. Que por outro lado, bem poderia ser dos cogumelos que usava em suas experiências ou de cipós alucinógenos em busca de novas sensações....

Com relação ao desaparecimento do segundo homem, o

italiano defensor dos palestinos, foi a vez de Eva que como sempre muito a vontade e desembaraçada para mulher que vivia naquele sertão, tomar iniciativa. Contou não ser segredo para ninguém que Greg vivia em seu laboratório particular afastado no meio das matas às voltas com venenos e peçonhas. O homem só falava em maravilhosas experiências, e em todo lugar que ia, levava laços para pegar cobras. Não poderia ter sido vítima de picada de serpente peçonhenta das muitas que habitavam o Pantanal?

Para o terceiro desaparecimento havia o testemunho do médico. Reforçou o fazendeiro expressando mal e querendo liquidar logo o assunto para tirar sua família daquele encontro que ele achava ser apenas de machos.

Tudo fazendo crer que num ato de heroismo o doente ainda lúcido nos primeiros sintomas da doença incurável, teve mais um gesto de bravura, partindo para bem longe indo morrer nas matas a fim de não contaminar ninguém com a raiva.

— **Errare humanun est!** (Errar é do homem!) Tudo bem — Gritou mais uma vez o barbudo "Tenente Xaréu" — Vamos admitir que um tenha sido envenenado, outro vítima de seus próprios experimentos com peçonhas e o terceiro por heróico ato humanitário tenha morrido de loucura, afastado. — **Quandoque benus dormitat Homerus!** (As vezes até o bom Homero cochila!) — Ou, um motivo que poucos aqui sabem, pelo menos dois deles podem ter sido vítimas de intriga internacional, já que pensavam criar no Pantanal, quando estivessem ricos, uma área Israel-Palestina que há mais de 2 000 anos não dá certo. Mas, onde, com os diabos, foram parar seus corpos?...

O baiano virou bugio aloucado, não parava de falar alto. Já tinha até encostado de vez o charuto e sua boina preta não estava na cabeça. Quanto mais ele gritava mais aumentava o barulho fantasmagórico do sótão...

E o som abafado de enorme corrente se arrastando em pleno dia acelerava a irritação do "Tenente Xaréu".

— Ninguém aqui é idiota a esse ponto! Negativo! Ninguém engole isso facilmente! Enfrentei revolução fracassada e contra-revolução. Prisão, exílio. Passei fome e sede nas matas amazônicas e noites mal dormidas com febres e malarias; sonhando acordado com lobisomens, sacis e mulas sem cabeça, portanto quero prevenir a todos de uma coisa. Os homens que desapareceram eram perto de nós, jovens inexperientes. Estrangeiros sonhadores mas também com muitos problemas de consciência e acima de tudo, descuidados. Visavam riquezas, mas por outro lado tinham pouca experiência de sertão e seus macetes. A única coisa que possuiam em comum, era a "sede de ir ao pote do amor". Conheciam um pouco de selva amazônica, **en passant**, como dizia o Michelin, e quase nada da região em que nos encontramos, como não conheciam os tipos com quem lidavam, por isso cairam em alguma armadilha! Em poucas palavras, foram eliminados! Assassinados por alguém interessado em tirá-los da quadrilha!

O fazendeiro preocupado mandou mais uma dose de cachaça e jogou nova masca de fumo na boca. Primeira vez em que o enfrentavam. E o que era pior: na sua própria casa! Fingiu ignorar a "sede de ir ao pote do amor" e "os tipos com quem lidavam", ditos pelo baiano.

Todos pararam para ouvir o "Tenente Xaréu", porque o homem além de esperto não estava para brincadeiras. Violento ao extremo quando fora de si; muito perigoso, capaz de enfiar a "peixeira" no primeiro, ao notar qualquer indício de traição. Para ele todos eram suspeitos, principalmente o pessoal da casa.

— Mas com a gente — o baiano apontava ao paraguaio e ao boliviano — não vai acontecer isso. Somos sulamericanos calejados no mundo do crime. Viemos do meio da selva, contrabandos e bandidos. De lá de cima onde conviviamos com feras humanas, pior do que todos os animais juntos. Como conhecemos esta região pantaneira enfestada de maus elementos e seu sub-mundo de marginais que só não caçam a mãe porque não está com eles...

Para desfeitear ainda mais, o baiano passou a mão na guampa onde o fazendeiro bebia a cachaça e mandou um gole, sem pedir permissão, prosseguindo no ataque:

— Fazemos parte da nata dos bandoleiros! Sabemos de todos os truques que podem oferecer aqueles que querem se ver livres de nós! E temos experiência para desvendar os mistérios que nos cercam. Vamos descobrí-los e a hora em que pegarmos os responsáveis, muitas cabeças vão rolar! Somos mais "puta velha" do que esses reles assassinos imaginam!...

Em seguida o baiano tirou da cinta a inseparável faca onde o cabo era trabalhado artisticamente em prata e madre-pérola e espetou sobre a mesa, sem antes dar o último recado:

— Isto é um alerta para todos, para todos!... — E passou a olhar friamente os presentes, inclusive e principalmente nos rostos das mulheres que recuaram ante o pavor das palavras e o violento gesto da "peixeira" espetada na mesa.

O baiano possesso não respeitava campo adversário.

O fazendeiro engoliu também o "para todos". Fingiu que não tinha entendido a direta e esperava pela vingança, que não tardaria. Bastava o pessoal cair fora para ele começar a maquinar uma maneira de reparar o mal causado pela mancha em sua reputação de homem mau, valente, que não poderia nunca ser provocado, principalmente desfeiteado na frente dos seus.

Esiário Diangio, branco feito papel, mandou o índio Cangas (que ainda mantinha a Mauser na mão e a zagáia na outra) seu fiel guardião, passar uma rodada de **caña**, geral, para acalmar os ânimos que estavam acirrados. Mesmo porque numa afronta nunca presenciado na centenária casa, a visita havia provocadamente tomado da bebida do anfitrião, sem ordem.

O "Tenente Xaréu" que de tão nervoso já fazia algum tempo que não citava latim, completou levantando o braço na saudação romana:

— **Ave Caesar morituri te salutant**! (Salve, Cesar, os que vão morrer te saudam!)...

Desta vez até as mulheres beberam, assustadas que estavam, mas apenas um pouco do licor de piqui. Esiário Diangio fez também convite para saborearem o peixe nobre pacu, recheado, fumegante na cozinha e um surubim. Além de churrasco de cabeça e carne seca.

— Eu dgenti, continuo gostando mais do bitcho lagarto e maria-tchica do qui petxe!...

E fez mais uma observação, antes de levantar um brinde à união da quadrilha multinacional de militares corruptos filhos das ditaduras:

— Contchinúo atchando que os catchorro tchifrudo, desertaram!... Foram simbora montá otro bando, só de instrangeru... Sou da mesma opinião dos castelhano, atcho que os midjões fudjões seguiro pelos rio... Os rio, como os morto, num fala!...

O "Tenente Xaréu" ao procurar sentar-se amuado que

estava, preferiu um canto isolado. O anfitrião percebeu quando o baiano chutou o engradado onde ficavam aprisionados os camaleões tão a gosto do fazendeiro, praguejando com raiva:

– **Data venia**! (Com a devida licença.) Sai prá lá, comida de jibóia!...

Piavam jaós enquanto um guará uivou ao longe.

Esiário Diangio olhou em direção do bugre Cangas como a dizer-lhe: – "É o homi, intendji mesmu, temu de tomá cuidado daqui prá frentchi"...

O BOLIVIANO

A partir daquela reunião-almoço a quadrilha teria que ser reestruturada. Os três homens desaparecidos passaram a fazer muita falta para a organização. Novas distribuições de tarefas teriam que ser feitas para a exploração total, de tudo que pudesse ser realizada no Pantanal. Representando mais trabalho para todos os chefes, tanto para o "Tenente Xaréu", como para o paraguaio "Napoleão da Selva" e o boliviano "Cuchara Deloro".

O único que não poderia alterar seu rítmo de trabalho para não levantar suspeitas era o chefe geral Esiário Diangio. O fazendeiro jamais poderia deixar de seus afazeres diários; lidar com o gado, principalmente agora que os jornais anunciavam ter a Polícia Federal aumentado o cerco no Pantanal.

Cada um dos participantes do bando tinha que pensar na maneira de melhorar o trabalho, depois de uns dias voltariam a se reunir na sede, para em conjunto expor suas idéias, discutir prós e contras...

O "Dr. Jaburu", de confiança do chefe dos chefes da quadrilha, exausto por atravessar mata de jatobá e taradeiro, com dificuldade afastou da entrada o boi com argola no nariz, montaria do encorpado militar. O médico tinha sido enviado a área do **cocalero** boliviano para tratar das queimaduras que os pisadores sofreram em seu trabalho.

— Se o mal for do fígado doente, chá de folhas e raizes de jurubeba de flor branca, é santo remédio!...

La dentro esperava-o o general grande e gordo "Cuchara Deloro", cujo nariz havia sofrido uma operação de platina para recompô-lo dos estragos feitos pelo uso do pó de cocaína, que chamava as vezes de "padre Orlando" e outras de "Paulo Otávio" (pó pelas iniciais). Além da bochecha deformada no lado direito de tanto mascar folha de coca. Costume passado de pai e mãe dos planaltos andinos da Bolívia e do Peru, onde os camponeses paupérrimos cultivam há séculos a folha que mascada ajuda a protegê-los contra o frio, a fome e a fadiga.

O boliviano de farda desbotada e suja mantinha no peito, brilhante, a colher de ouro tendo no centro um diamante. A túnica mal podia ser abotoada na barriga e até atrapalhava o homem desajeitando na tarefa de limpar a "metranca" Kalashnikov.

Na porta do rústico laboratório montado nas fechadas e escondidas matas pantaneiras estava pregado um dos papéis fartamente distribuídos aos caboclos e alguns índios que por ali perambulavam: "Não plantem batatas, cultivem coca". Obedecendo os homens deixariam a mandioca e a abóbora...

Dentro do prédio de madeira, vários pisadores com as pernas esverdeadas aguardavam o velho médico sempre pendente pela **caña**. Ao lado grande estoque de folhas de coca e pasta de cocaína já pronta para o embarque. Além de pequenos sacos plásticos transparentes contendo a droga em menor escala, separados, para serem trocados por armas de grosso calibre.

Outra placa na porta, mais embaixo anunciava: "Compramos querozene, qualquer quantidade". Ingrediente essencial, juntamente com eter e acetona, para a fabricação de sulfato de cocaína.

Mais um dos apelos do narcotraficante boliviano "Cuchara Deloro" dirigidos para aqueles que trabalhavam honestamente. Incultos caboclos e índios, passarem a negociar com a quadrilha. A proposta sempre tentadora, pedia para que todo abandonassem suas atividades normais de pequenos agricultores para fazer dinheiro rápido transacionando com os traficantes. Quer na mudança de cultivo tradicional quer ingressando no exército de formigas-humanas transportadoras de querozene.

"Cuchara Deloro" começara por montar no Pantanal, primitivo laboratório para a produção de sulfato de cocaína, onde trabalhadores diariamente descarregavam sacos contendo folhas de coca amontoando-as ao lado do cal. Próximo de onde se encontravam tambores de querozene e enormes vidros contendo diversos ácidos, além do eter e da acetona.

A pasta de cocaína era preferida pelos traficantes, por ser menos suscetível de deteriorar nas condições precárias do transporte clandestino.

Mais para a frente da grande construção de madeira, o departamento reservado ao processo parecido como da fabricação do vinho. Ali várias pessoas pisavam durante a noite inteira sobre os produtos misturados no recipiente plástico que "Cuchara Deloro" chamava de **baeta**.

Após a filtragem obtinham uma pasta de cor branca esverdeada, o sulfato de cocaína. Quase todos os homens disponíveis na área, eram convocados para pisarem. Por isso se transformavam em **patas verdes**, como o boliviano os chamava.

Ficavam conhecidos popularmente pela cor que as pernas adquiriam ao pisarem descalços sobre a composição. Por essa razão os trabalhadores não gostavam quando destacadas para as tarefas junto do boliviano, preferiam caçar ou destruir florestas. A prática estranha para eles fugia das suas características de trabalho: plantar, caçar e pescar. Queimar matas ainda aceitavam, mas pisar naquela droga os repugnava. Além do que dava muito trabalho para tirar os vestígios das pernas que ficavam entranhadas de cores verdes de várias nuances. E tinham que ser tiradas senão despertaria a atenção da Polícia Federal que observava se alguém portava a marca de quem mexia com o tóxico.

O processo prosseguia na forma primitiva, segundo o boliviano, mas seria provisório. Logo estariam operando com algo mais avançado em tecnologia. O laboratório mecanizado, já estavam providenciando uma espécie de vibrocompactadora que iria substituir os pisadores, no futuro.

Mesmo processado rusticamente naquele trecho do Pantanal pertencentes às terras do fazendeiro Esiário Diangio, a matéria era exportada em grande quantidade por via aérea. Tinha até dia certo para o embarque, uma vez por semana: todas as terças-feiras. Enviadas aos grandes centros onde os recursos, maiores e o sulfato convertido em cloroidrato de cocaina, denominação científica do pó vendido nos Estados Unidos e Europa. Uma vez refinada na forma de pó puro, é que eram acrescentados para render mais pelos distribuidores da perigosa substância, bicarbonato de sódio, ácido bórico, amido, tudo que tivesse aparência de cocaína.

O general boliviano prometera na última reunião à todos os companheiros de crime e em especial ao chefe dos chefes, Esiário Diangio, que transformaria o Pantanal numa nova Amazônia peruvio-boliviana de onde saiam 25 por cento da cocaína consumida nos Estados Unidos.

Na produção de milhares de quilos de cocaína com renda de milhões de dólares para a quadrilha do "Quartel da Fortuna".

Começaria pela montagem daquele médio laboratório para o refino da droga. Organizaria um esquema de homens formigas visando o transporte de querozene para as matas sem levantar suspeitas já que a Polícia Federal estava apertando o cerco. Montaria uma frota de ônibus como tinha na sua terra, os **cocabuses** utilizada pelos traficantes de querozene, tão importante na produção da cocaína.

Um pouco mais de tempo e o boliviano "Cuchara Deloro" acabaria por levar ao Pantanal todos os vícios e as desgraças de Cochabamba, de onde tinha vindo. Cidade onde legião de desempregados e menores abandonados na **Plaza de Espanha**, que antes combatia a fome e o frio aspirando os eflúvios de uma bolsa cheia de gasolina, agora encontrava método mais eficaz, do **basuco**, um cigarro com mescla de tabaco e sulfato de cocaína.

Enfim transformaria o Pantanal, útero mais generoso da Terra no que a Bolívia é atualmente, onde eliminar as plantações de coca significa retirar a única fonte de sobrevivência de centenas de milhares de lavradores dai a resistência à todos os programas oficiais anti-narcóticos feitos. Onde camponeses viciados condenam as substituições das lavouras de coca sob o argumento de que a planta é necessária como remédio para eles e complemento alimentar.

O general "Cuchara Deloro" incentivava a produção de folhas de coca na região pantaneira até vê-la transformada como queria. Igual sua terra, onde a folha é vendida abertamente nos mercados e o consumo uma tradição que remonta às culturas pré-coloniais...

Mas de onde tinha surgido o **cocalero** "Cuchara Deloro? E quem era na verdade o verme daninho que pretendia transformar o pacato paraíso Pantanal em agitada região de vício e degradação?

Repelia proposta fraca:

— Sou general diferente, não alugo estrela para multinacional, eu vendo!...

O general boliviano que ali usava o codinome de "Cuchara Deloro" não passava de outro filho da ditadura que empesteava a América do Sul. Não vítima da **sudamericanidad** como à todo instante apregoava ser, e destituído do posto por um dos muitos golpes políticos e não revolucionários de seu país.

Filho de mãe peruana e pai boliviano, general era de verdade. E também conhecido traficante de cocaina expulso das Forças Armadas da Bolívia. Quando no poder, mantinha uma quadrilha especializada em tóxicos com ramificações em todo mundo.

Além da droga ele mandava da bolívia para outros países, dado a importante posto no governo que exercia, cristal de rocha, ametista e outras pedras semi-preciosas, cujas minerações pertencem ao Estado.

Depois da expulsão veio a ordem de prisão, mas com o tempo suficiente para fugir, provando mais uma vez que só os argentinos foram machos sulamericanos colocando seus militares desonestos no lugar de onde nunca deveriam ter saído: da cadeia!

Finalmente o general boliviano surgiu na Amazônia, onde a escória o lixo milíco, os ratos de caserna, preferem se agrupar as escondidas e passou a comandar na selva um pequeno grupo de refugiados do seu país; mais um bando de aventureiros e contrabandistas, dos muitos que operavam ali por conta própria ou a serviço das multinacionais. Principalmente os bem instalados mercenários norte-americanos com o que havia de melhor em tecnologia. Sem contar grupos de militares brasileiros que exploravam garimpeiros...

Ali o boliviano "Cuchara Deloro" e seus homens desenvolviam enorme plantação de ipadu (que substituia a coca no Brasil), com o cerco da Polícia Federal ele resolveu aliar-se ao "Tenente Xaréu", figura muito conhecida no mundo do crime organizado amazônico. "Descendo" juntos com outro aliado o paraguaio "Napoleão da Selva" para o Pantanal, onde o trabalho das autoridades estava mais brando.

Deixara o "Inferno Verde" mais cedo do que pensava, antes de cumprir o que pretendia, conforme lhe garantira um norte-americano:

— Ali você pode comprar um acre de terra pelo preço de duas garrafas de cerveja. Quando tiver juntado metade de um milhão de acres e vinte mil cabeças de gado, pode deixar aquele lugar piolhento e ir para Paris, Havai, Suiça ou outro lugar decente que você escolher!...

O "Tenente Xaréu" resolveu convocar secretamente seus dois aliados de língua castelhana, no laboratório onde preparàvam a massa de cocaína, longe do chefe dos chefes.

Começou por atacar justamente o fazendeiro Esiário Diangio:

— **Consumatun est**! (Tudo está consumado!) Eu sugiro que de agora em diante a gente passe a reunir a cada quinze dias, ao invés de todo fim de semana como vinhamos fazendo até aqui. — O vivo baiano, parou para acender o charuto que quase lhe queimava a barba — E quando for para tratar de interesse da organização na sede da fazenda devemos estar os três juntos, separados jamais. Um de cada vez, será presa fácil para quem esteja interessado a nos derrubar; a nos caçar, como até agora fizeram.

Uma rodada de **caña** paraguaia para reanimar o papo e prosseguia o "Tenente Xaréu" que daquela data em diante voltaria a usar sua Lugger.

— Alguma coisa me diz que meus homens de confiança foram eliminados naquela sinistra casa de barulho no forro. E não só o "Camaleão", como suas belas aranhas viúva-negras estão envolvidas até o pescoço. Senão vejamos: o primeiro a desaparecer foi Perseu noivo da moça e sem levar arma, o segundo, Greg, que a mãe da moça sugeriu estar interessado em eliminar o rival no amor. E o terceiro, nas palavras daquele médico beberrão manipulado pelo dinheiro de Esiário

Diangio, não desapareceu no quarto próximo da casa grande dizendo ter sido visitado por duas belas mulheres?

Uma coçada na espessa barba preta, novo gole de cachaça e o baiano começava a se enervar:

— Onde existem mulheres bonitas neste mundo verde perdido, longe da civilização, senão na casa do fazendeiro?

Outra coçada na barba e ascendeu o charuto que apagara sozinho de tanto bate-papo.

— Falar em alucinação porque o judeu-francês só vivia pensando em mulher não confere; ele não era chegado... Seu negócio todos sabemos: álcool! E nem louco, o homem deixaria a foice, sua única arma, embaixo da cama como foi encontrada.

Mal o "Tenente Xaréu" acabara de pronunciar, ouviram forte brecada de carro em frente ao enorme barracão de madeira. Eva desceu do jipe abriu rapidamente a porta do laboratório interrompendo a reunião secreta.

— Como é, agora se faz reunião sem o chefe?...

O frio "Tenente Xaréu" não perdeu a pose. Voltou a ficar calmo.

— Negativo! (Ali só usavam gíria de quartel, em lugar de "sim" ou "não", todos diziam "positivo" ou negativo").

— Trata-se de um encontro informal, nada combinado e papo sem importância...

— Sem importância e deslocam três sub-chefes dos seus afazeres?

O sub-chefe dito com ênfase pela mulher foi para colocá-los nos devidos lugares. Simplesmente queria dizer que o chefe, o chefão, ainda era seu marido Esiário Diangio.

Os castelhanos se olharam diante da energia da bela fêmea e pegaram os copos para nova bicada na procurada **caña...**

Deram uma trégua para o almoço onde seria servido um sarravulho (sopa de miúdos de boi) feito pelo boliviano e que afinal só dois comeriam.

O Tenente "Xaréu" e "Napoleão da Selva", despediram-se secamente deixando no laboratório "Cuchara Deloro" e Eva.

— **Feci quod potui, faciant, meliosa...** (Fiz o que pude, façam melhor os que puderem.) — Ainda se ouviu baixo do baiano para o paraguaio.

Afastados da mulher o "Tenente Xaréu" concluiu:

— A filha "Pérola" tem QI de ostra, mas a mãe é parada federal. O "da Bolívia" vai ter que quebrar essa fêmea...

O boliviano mascador da **Erytroxylon coca,** logo depois do almoço aproveitou para mostrar à mulher do chefão toda a engrenagem da sua seção. Desde a entrada das folhas, do querozene, até o trabalho dos **patas verdes** amassando tudo aquilo, para transformar na massa branca esverdeada tão procurada no mundo inteiro e paga a preço de ouro pelos viciados.

No pátio, afastou pela argola no nariz, o boi que usava como animal de sela, comum na região pantaneira. Foram além e Eva passou a se interessar cada vez mais pelo assunto. Durante horas percorreram as dependências com a mulher sempre fazendo perguntas.

Finalmente chegaram no departamento onde o boliviano dormia, um anexo, espécie de sobradinho nos fundos do terreno em que ficava o laboratório. Dali como posto de observação enxergava-se tudo, o pátio, a entrada e corre-corre dos homens-formigas trazendo querozene e folhas de coca.

O sonho de "Cuchara Deloro:" era transformar o Pantanal na mesma situação da Bolivia onde a coca é plantada ilegalmente por mais de 13 000 agricultores espalhados pelas províncias de Chapare e Los Yuangas.

— Vamos aumentar **lo mas possible,** a plantação da coca como **tambiem** do ipadu, **mas conocido acá.** — Disse o grandalhão com cara e cor de índio andino, mastigando. Sua bochecha do lado direito deformada, dilatada, ali depositava a folha mascada enquanto falava. O homem quase não comia, era gordo de natureza, a coca tirava o apetite, de ingerir alimentos menos a fome de ter em seus braços a bela mulher.

Eva como sempre senhora de tudo e de todos, não esperava convite algum como se o que houvesse ao seu redor fosse sua propriedade. Foi sentando no sofá onde dormia o gorducho militar. Pegou a garrafa de **caña** sobre a mesinha e foi sem cerimonia enchendo dois copos pequenos, parecia estar em sua casa.

— Francamente, de todos os setores de nossa empresa, que visitei, desde o que cuida do aprisionamento de peixes, aves e animais, aquele da derrubada das matas para aproveitamento das madeiras de lei e até o encarregado da extração de minérios, apesar do ouro me fascinar, seduzir

— disse pegando na jóia na forma de colher de ouro maciço com diamante encrustrado no centro, que o militar trazia preso na túnica — este foi o que mais chamou minha atenção. Gostei e talvez venha com freqüência para cá dar uma mãozinha — mostrando as pequenas e bem feitas mãos — este departamento realmente interessou-me. Você não está precisando de uma secretária que maneje bem a língua... em espanhól e português? — Encerrou com escancarada risada...

O boliviano que de tanto montar em boi estava ficando parecido com o animal, fez esforço para locomover-se, ajeitando a pequena colher de ouro, achou um elogio. Seria ótimo ter a formosa "Maja Desnuda" como secretária, ajudante, fiscal, ou o que fosse, desde que ficasse com ele naquela solidão miserável. Todo dia então seria bom demais já que a via tão esporadicamente.

A franquesa de Eva animou-o a se chegar mais no sofá, enquanto a mulher correspondia sorrindo. Novos copos foram completados fazendo com que a bela relachasse chegando quase a deitar. O boliviano achou que chegara a hora de abrir a gaveta da mesinha de cabeceira próxima da mulher que já estava alegre pela bebida.

Explicou para Eva que os mastigadores de folha de coca são aproximadamente, dois terços da população boliviana. E que a planta é um produto de consumo secular pela população, serve ao mesmo tempo como sedativo, complemento vitamínico, moderador de apetite, estimulante e antídoto para os efeito da altitude nos Andes. E em nome desse costume, o governo de seu pais sempre resistiu a pressões internacionais para erradicar a coca...

A intenção do general boliviano contrabandista: viciar o máximo de pessoas que trabalhavam com ele, como os espanhóis fizeram no passado.

No século XIV, a coca era considerada uma dádiva do Rei-Sol e estudos arqueológicos realizados no Peru indicam que o chefe inca Yupanqui organizou em 1 300 as primeiras plantações de coca, em Cuzco, Huaca Prieta e Lambayeque. Objeto de ritual, seu uso indiscriminado, no início, punido até mesmo com a pena de Morte. A conquista espanhola, no entanto liberou a utilização da coca, no momento em que os novos senhores perceberam, os indígenas que **coqueavam** (mastigavam a coca) resistiam melhor às condições desumanas do trabalho...

Com a maior naturalidade "Cuchara Deloro" tirou de dentro da bolsa uma seringa já preparada e aplicou em si uma dose de cocaína. Como a mulher não conhecia, o boliviano aproveitou para fazer nova vítima.

— **Es** reconfortante. **Es** luz, brilho, por que **no** experimentas?

Eva titubeou.

— Ficaremos **los dos em la misma onda. Bamos** lá...

A "Maja Desnuda" acabou cedendo. Cheirou um pouco do pó de cocaína. Na verdade estava ansiosa por experimentar a droga tão falada naquele departamento, como a coisa mais normal.

O general passou a contar suas experiências. Já tinha visto pessoa que ao invés de aspirar o pó pelo nariz, injetar nas veias dos braços, nas mãos ou calcanhares para não deixar vestígio e aplicar em baixo da língua, colocar na gengiva ou simplesmente mascá-la. E até injetar a dose de cocaína dissolvida em água destilada nas veias do pênis, como os militares fugindo do rigoroso exame médico dos quartéis...

Foi preparada uma pequena dose para Eva, quando ela já havia se colocada a vontade. Diante da mulher de seus sonhos exposta daquela maneira, o boliviano que havia cuspido a folha mastigada em troca da droga aplicada, babava e procurava um lugar onde colocar a agulha no belo corpo nú até alí sem nenhuma marca de picada.

Aplicou a dose em Eva e rapidamente tirou a calça e a cueca. Como sempre fazia, abriu somente a ensebada túnica, jamais a tirava do corpo a não ser para banhar-se o que era raro, não se despia por inteiro nem mesmo para aquilo que mais gostava e tentava fazer. Tinha receio de que num conto do suadouro aplicado, levassem a sua colher de ouro.

Deitou-se e como lustroso paquiderme ficou a espera de Eva que não demorou para escalar, ir se ajeitando por cima da massa mole e vermelha de intoxicação. Nessa hora nem se lembrou das palavras do "Tenente Xaréu", chamando a mulher de aranha viuva-negra devoradora de machos. Até que podia morrer depois...

A cocaína ingerida pelo boliviano causava danos profundos, precedidos de atitudes que denotavam alterações psíquica e mental; desde euforia, loquacidade, irritabilidade, comportamento estereotipado, a insônia. Eva como sempre provocante demais, porque o narcotraficante ainda insistia apesar do uso da droga ter diminuido nele o desejo sexual, retardo de ejaculação e impotência. No "Cuchara Deloro" a droga causava ainda negligência no trabalho e uma preocupação obsessiva de conseguir dinheiro.

— **No te arrepiendes** de passar para trás **aquel** casca-grossa do "Camaleão"?

A idéia de ter a mulher para sempre e a parte da fortuna do chefão, passou pela sua cabeça.

— Não esqueça meu caro boliviano, de que camaleão tem pele áspera mas em compensação leva vantagem, tem língua comprida... —Retrucou Eva com seu debochado sorriso, sem perder o vai e vem inútil em cima de militar suado com mais banhas esparramadas do que um porco melado.

Não era só, Esiário Diangio, como bicho camaleão parecia ter os olhos trabalhando idependentemente um do outro. Olhava em várias direções ao mesmo tempo. Assim como escutava bem e tudo, tanto que mandara a mulher espionar de que se tratava a reunião clandestina convocada às pressas pelos seus subalternos...

O PARAGUAIO

Com o tempo passando o único a levar a sério o conselho do esperto baiano foi o frágil paraguaio.

Quanto ao boliviano, não queria outra vida.

O "Tenente Xaréu" e o "Napoleão da Selva" jamais iam à reunião da organização, separados. Juntos seria mais difícil de serem derrotados naquela imunda guerra interna.

Enquanto o boliviano até esqueceu o conselho. Eva praticamente vivia com ele. Trabalhavam e dormiam juntos. As visitas, no início espacejadas foram se tornando freqüentes, passando a ser diárias. Como a distância entre a casa da fazenda e o laboratório escondido nas matas era longa Eva resolveu montar um apartamento para si, que na verdade passou a ser dela e do general "Cuchara Deloro".

Em dupla pretendiam popularizar o máximo a droga, produzindo inclusive o "crack", pasta de cocaína, bicarbonato e água, na forma de pequenas pedras fumadas em cachimbo de vidro, ou injetado na veia. O "crack" provoca um estado de euforia muito mais intenso do que o pó comum e custa bem mais barato. Em compensação, vicia e mata com rapidez muito maior...

O velho fazendeiro Esiário Diangio com a fuga da esposa, não saia mais de casa; no máximo ia até o brete separar e vender o gado trazido pela peãozada. Perdera o entusiasmo por tudo. Nem montava mais.

Para o b ugre tinha sido pior: longe dos olhos, bem mais perto do coração estava Moana...

Lemira ficava com o pai e o guarda-costa Cangas na casa-grande de barulho no sótão.

O "Tenente Xaréu" não se descuidava ora lustrando a Lugger, ora areando a faca.

— A viuva-negra mais velha está cozinhando o castelhando mascador de coca, em banho-maria. Aprendendo, pegando os macetes da profissão, logo que estiver senhora da situação, nhec! Engole o boliviano com casca e tudo! E volta correndo para o "Camaleão" que é da láia dela!...

Só que ele não sabia tudo. Além do controle que a bela mulher pretendia, ela encontrava-se viciada no tóxico. Não podia mais viver sem a droga que lhe era aplicada diariamente pelo narco-traficante. Pela cocaína a mulher largara de vez, riqueza, marido e filha. E o gordo castelhano estava senhor da situação.

A degradação da linda mulher começou na cheirada, na primeira picada e nos chás de folha de coca que tomava no apartamento enquanto o general "Cuchara Deloro", dizia vender o produto só para indústrias farmacêuticas, para os laboratórios químicos da Coca-Cola que usavam a folha sem alcalóide tóxico, para dar gosto ao refrigerante.

— **Usted** sabia que até o **año** de 1900 em todo refrigerante do mundo, entrava a coca?...

O porco militar tinha Eva nas mãos. Enquanto o velho fazendeiro havia perdido o poder sobre ela. Nem a filha a segurava mais em casa, viam-se raramente...

O baixo e frágil paraguaio que andava cada vez mais arcado com o peso das condecorações que carregava e a mão direita enfiada na abertura da encardida túnica (tão suja quanto ao que restava da farda do boliviano), como Napoleão Bonaparte, ouvia tudo o que o baiano falava com atenção e respeito. Era coronel do exército e a finalidade do gesto, esconder a mão imóvel envolta numa desbotada luva de pelica.

Quando na ativa não se dedicava a defender o povo paraguaio de uma guerra ou mesmo contra os ladrões. Sua "especialidade", comandar poderosa quadrilha de "puxadores" de carros brasileiros para o Paraguai através do rio Paraná. Durante o dia o trecho apresentava-se normal. A noite, por sistema de roldanas e cabos de aço, levantavam rústicas pontes de madeira por onde os veículos roubados rodavam de um país para outro.

Coronel muito conhecido de brasileiros endinheirados que investiam em terras no Paraguai. Bem falante, com muito jeito e tato mandava convidar o comprador para jantar no melhor restaurante. Até ali era educado. Logo depois abria o jogo, falava as claras e grosseiramente. Propunha sociedade das terras sem entrar com capital algum...

Como a ambição humana não tem limites e ele queria ser mais do que simples latifundiário em sua terra, acabou partindo para o garimpo da Amazônia em busca de dólares, de onde ouvira falar maravilhas: extraíam em apenas uma mina, o de Serra Pelada, 26 quilos de ouro por dia! Mais de 1 quilo por hora, positivamente não existia em todo o planeta, média igual!

Sem contar um outro ponto pouco divulgado: a montanha de ouro com o mesmo tanto para baixo da terra! Logo descobriria o local...

Em suas andanças na busca de garimpos cada vez mais rentáveis, o coronel paraguaio abandonou o fabuloso garimpo de Serra Pelada, devido a multidão que ali se concentrava, no formigueiro humano que havia se transformado a montanha, buraco com mais de 100 metros de profundidade por aproximadamente 300 de diâmetro!

Serra Pelada havia espalhada por toda a América do Sul, sonhos com gigantescas pepitas de ouro e atraiu para o sul do Pará um dos maiores fluxos migratórios que o Brasil já conheceu: mais de 200 000 garimpeiros!

Novos garimpos se espalhavam num raio de 30 quilômetros onde o ouro, menos abundante e trabalhoso e a concorrência menor. O paraguaio vasculhou grotas e montes. "Bamburrou" (encontrou ouro, no jargão do garimpo). Foi requeiro (ladrão de "reque", denominação dada ao cascalho com ouro). Quando os garimpos satélites iam se esgotando eram abandonados e o dinheiro apurado pela conquista do ouro parecia ser maldito: quando não perdido pelo militar paraguaio nas mesas de jogo era levado pelas mãos das mulheres...

Num desses garimpos menores, acompanhado de três belíssimas conterrâneas instalou rusticamente um **bolicho** (expressão espanhola de botequim) juntamente com uma casa de prostituição, onde as "meninas" chegavam a faturar 2 a 3 gramos de ouro por uma permanência de 15 minutos na tapera...

Como no garimpo não há chave nas portas, nem polícia por perto e o paraguaio outro rato de caserna como o gordo boliviano mais o barbudo brasileiro, pensou que havia descoberto o paraíso dos ingênuos e inocentes. Fascinado pelas pedras semipreciosas que eram guardadas no velho saco de estopa e pela quantidade de pepitas que ele nunca tinha visto com fartura, acondicionadas em caixas de papelão, invadiu o barraco e levou todo o tesouro!

Deu-se mal o franzino militar, porque roubou e tentou fugir naquela imensidão de mata amazônica desconhecida para ele. Preso pelas próprias vítimas (eram 3 sócios) foi-lhe aplicada a "pena do garimpo".

Com uma pedra quebraram todos os dedos da sua mão direita...

Inicialmente amassadas e sem possibilidade de um cuidado mais apurado, a mão endureceu, ficando paralizada. As mulheres paraguaias que o acompanhavam foram estupradas por uns 60 homens e abandonadas nas selvas para que os índios as carregassem para suas malocas onde passariam a trabalhar e aumentar a população...

Com o codinome de "Napoleão da Selva", (usou o apelido que lhe tinham posto) mão direita paralizada para o resto da vida, escondida numa luva de pelica e uma tosse que não o largava, estava agora entregue a direção da exploração de minérios do Pantanal, depois da re-estruturação da quadrilha de milicos. Seu departamento ia da extração de ouro, à descoberta de pedras preciosas, indo até à pesquisa com urânio...

O BRASILEIRO

O cabeça chata fumador de charuto, "exportador e representante de uma indústria automobilística", conhecido por "Tenente Xaréu", era na verdade um ex-sargento da Marinha cassado pela revolução de 1964.

Usava com freqüência expressões em latim para impressionar, dizendo tê-las aprendido no seminário em que estudara quando jovem, mas os amigos contavam que ele tinha decorado tudo na cadeia mesmo.

Homem de muita imaginação e experiência, vivacidade a toda prova e inteligência, lembrava de histórias tão criativas que não se sabia onde terminava a fantasia e entrava a realidade...

O baiano barbudo e de carapinha preta, físico atarracado, contava curiosa passagem da sua atribulada vida.

Fizera parte, não ouvira falar, e até jurava ser verdade que para situar bem a história temos que voltar ao tempo em que o mato-grossense Jânio Quadros foi presidente do Brasil.

Época em que grandes líderes do Terceiro Mundo ocupavam a cena internacional: o indiano Nehru, o egípcio Nasser, o iugoslavo Tito e o cubano Fidel Castro. E Jânio Quadros um admirador fervente desses homens, especialmente Nasser com quem queria ombrear-se.

Com inveja da fama de Fidel Castro na América Central, Jânio Quadros queria ser seu rival, na América do Sul, chegando para tanto a inventar para si, uma meio-farda nos moldes daquelas usadas por seus heróis e lançou o "pijânio", espécie de safari tropical, abolindo de vez o uso da incômoda gravata.

Foi quando Jânio Quadros, segundo a história contada pelo sargento baiano, resolveu invadir a Guiana Inglesa. Por sua ordem, o governador do Território adjacente mandara abrir uma picada de 120 quilômetros através da mata, até a fronteira.

Seu plano seria completado com a provocação de um acidente grave na fronteira que talvez exigisse o sacrifício de uma pequena patrulha formada por um sargento e alguns poucos soldados não mais do que isso. Justamente a patrulha da qual fazia parte e comandava, o militar baiano. Avisado a tempo ele revoltou-se levando consigo alguns soldados. Contou o fato no quartel e passou como mais louco do que o presidente; poucos o levaram a sério. Levou, isso sim, ainda a fama de inventor da história apesar de tê-la completado — que a partir do incidente, uma força brasileira invadiria a Guiana para perseguir e punir o "agressor" e a ocupação se faria facilmente a partir dali.

Segundo o plano descoberto pelo sargento baiano, Jânio Quadros alegava que seu intuíto era patriótico, pois o Brasil precisava ter acesso ao Caribe e por outro lado dizia o presidente com grave tendência a ditador, que a Inglaterra lhe havia dado o sinal verde para a invasão porque queria livrar-se da Guiana e das confusões internas. Se Brasília quisesse responsabilizar-se pela ordem na região, Londres ficaria até agradecido, argumentava Jânio Quadros, no plano que o militar baiano jurava que tinha visto.

Invadido a Guiana, desafiando as grandes potências e desenrolando sua guerrinha particular no Caribe, Jânio Quadros contava projetar-se no cenário internacional.

Segundo ainda o sargento, o presidente brasileiro, depois da Guiana Inglesa pretendia invadir as outras. E depois o Paraguai, para qual também já havia plano traçado...

A dúvida ficou. Quem era paranóico, o sargento baiano que inventara a história ou o ex-presidente se realmente idealizara o plano?

O militar revoltou-se com o fato de não ter sido acreditado e passou a criar problemas seguidos na corporação, até que logo depois a revolução o cassou de vez...

Perseguido pela fama de mau elemento criado no quartel, e até de perigoso subversivo, o marinheiro baiano evaporou-se. Acabou meses depois batendo com os costados em São Paulo. E apaixonado por carros como era conseguiu arranjar emprego na Volkswagen, em São Bernardo do Campo. Na montadora de veículos passou a ser conhecido como "Pão de Graxa".

A origem do apelido, também curiosa como sua vida e suas histórias.

Na indústria de automóveis onde passou a ser simples operário montador, o baiano todo dia transportava dois pãezinhos como almoço. Um comia e o outro ele levava de volta para casa como sobra do almoço, só que "recheado" com duas velas de motor.

Em casa esvaziava, trazia o mesmo pão e comprava outro para rechear. Comia sempre o pão do dia anterior com resto de óleo contra ferrugem, dai o nome estranho de "Pão de Graxa".

Roubava quase sessenta velas por mês em média. Com o passar do tempo seu exemplo frutificou. Foi seguido por uns nove colegas de "trabalho" que ele comandava. Tendo somente naquela seção um total de mais de seiscentas velas a cada trinta dias, "exportadas" pelo representante da indústria automobilística" e seu organizado **staff** na diferente modalidade de roubo.

Descoberta a maneira **sui generis** da operação, como ele mesmo gostava de citar em latim; depois de certo tempo do curioso **modus operandis**, "Pão de Graxa" fugiu mais uma vez, indo parar em garimpo da Amazônia onde as pessoas não se conhecem e não se tratam pelos verdadeiros nomes por problemas com polícia e justiça.

Especialmente no Pará onde chegara em plena efervescência abafada pela ditadura militar. Época de tentativa de guerrilha combatida pelo Exército em que imperavam os codinomes tanto de um lado como do outro.

Doutor sem ser formado e coronel de zona por todo lado. Como se não bastassem os militares autênticos em grande número, infiltravam-se no meio deles os falsos capitães. Tinha major que não sabia bater continência e sargento bronco que não entendia o cumprimento militar.

Na confusão de milicos, com tanto major Pixoxó, coronel Curruíra, general Jaçanã enriquecendo as custas do suor dos garimpeiros, até que o baiano foi modesto escolhendo o posto de "tenente". O que atrapalhava um pouco, seu porte físico. Pelo aspecto, com mais de cinquenta anos ia melhor a patente de "coronel". Mas como era sargento de verdade, da Marinha, resolveu ser honesto pelo menos uma vez na vida, ao sair da ativa (embora contra a vontade; sairam com ele) tinha direito a um posto acima e foi o que fez por conta própria.

Só que não usou codinome de pássaros da região como mandava a moda e criar tipos. Preferiu o de um peixe dos mais populares da sua querida Bahia, o Xaréu...

Surgiram depois que as águas da revolução e contrarevolução se acalmaram, as milícias particulares, para ocupar o tempo dos militares que acabaram gostando da região. Formaram então empresas oficialmente dedicadas a "atividade de segurança rural". A função dos oficiais que comandavam esses grupos era "operação de limpeza" nos garimpos invadidos por forasteiros tipos "Napoleão da Selva" e "Cuchara Deloro".

— Não somos jagunços e sim prestadores de serviços, especialistas em posseiros e garimpeiros — ressaltava um chefe deles, técnico em serviços de informações e contrainformações, tendo cursos de sobrevivência na selva e guerra antiguerrilha.

Essas empresas de proteção comandadas por coronéis reformados tanto da Polícia Militar como do Exército, formavam mais de 500 homens equipados com armas das mais modernas, usando até cães amestrados.

Os grupos agiam por toda a Amazônia com serviços taxados. Fixavam os preços dos contratos segundo critérios orientados pelo grau de tensão verificados na área trabalhada. Suas tabelas variavam de acordo com os serviços e os mais baixos, se a operação fosse uma simples evacuação. Se preciso, infiltravam homens entre os invasores. Ficavam sabendo se havia organização bem formada por trás do movimento, quem eram os líderes, se estavam armados ou se tentariam resistir.

Eliminaram muita gente essas brigadas da selva. Só uma coisa não permitiam: que fosse revelado o número de baixas entre seus homens...

Uma vez nomeado tenente por si próprio, "Xaréu" melhorou seu **status** e partiu para toda sorte de aventura na região amazônica, funcionando como mercenário engrossando tropas ou na forma de simples trabalhador. Completando conforme suas palavras, o "curso de sacanagem contra as florestas e tudo quanto tinha dentro", através das multinacionais (que os ditadores militares sulamericanos infestaram a Amazônia em troca de dólares depositados na Suiça), com quem passou a colaborar como sabujo de milico. Juntos devastaram áreas do tamanho de países da Europa.

— **Libertas quae sera tamem.** (A liberdade ainda que tardia.) E eu quero essa liberdade, mas para isso tenho que ficar rico... — Dizia o baiano para os norte-americanos, naquela torre de Babel selvagem onde já falavam português, espanhol e inglês.

O "Tenente Xaréu" logo "aperfeiçoou o curso", adquiriu **know-how** trabalhando em empresas como a de Daniel Keity Ludwig, a Jari Florestry and Ranching Company, a firma italiana Liquigas, a norte-americana King Ranch of Texas e eí-lo novamente na Volkswagen do Brasil, só que agora destruindo parte do planeta Terra. Imensa área na Amazônia, destruida por incêndio tão grande nas terras adquiridas pela empresa alemã, que foi detectado por satélite norte-americano e avisado ao governo brasileiro que como sempre, nada fez para impedí-lo ou mesmo obrigar a firma a reparar o mal. Quando muito deve ter aplicado multas na base de salários mínimos...

Os satélites metereológicos NOAA 8 e 9 dos Estados Unidos descobriram uma área de 65 000 quilômetros quadrados, quase o dobro da Holanda, coberta de fumaça. Foi um dos maiores incêndios provocados pela mão do homem, na Amazônia. E é difícil prever o efeito que tal desastre causa na atmosfera...

— Em São Paulo conheciam o operário "Pão de Graxa", mas aqui lidam com o líder "Tenente Xaréu", o que é diferente! — Dizia orgulhoso o baiano referindo-se ao fato de estar novamente trabalhando para a Volkswagen. — E tem mais, ladrão que rouba destruidor de floresta tem mil anos de perdão, no mínimo...

E prosseguia citando as empresas e outras mais, multinacionais, que exploravam minérios, tinham sido estimuladas em seus ataques contra florestas, por incentivos financeiros oferecidos pelo governo brasileiro no tempo em que os militares davam as cartas e jogavam sujo. Os mesmos gananciosos soldados ávidos de dólares que desapareceram com Sete Quedas, uma das maravilhas do mundo, divina obra de arte que a natureza levou milhares de anos para esculpir...

— Entro mesmo fundo em tudo que posso! Mergulho de cabeça! — Resmungava o "Tenente Xaréu" — As autoridades não fazem o mesmo? Metem a mão sempre que podem a nada fazem por este país, porque eu tenho que fazer? O Estado não passa de um cabide de empregos onde todos recebem bem e permanecem perdidos nos meandros do universo da burocracia brasileira, recebendo vários ordenados sem que ninguém os encontrem em repartições alguma. Os órgãos públicos sempre foram moldados de forma a servir a interesses pessoais e regionais dependendo da corja de políticos e militares que nessa hora dão as mãos para repartir os lucros...

O barbudo soltava tragada no charuto e prosseguia com os ataques:

— O governo brasileiro é uma "máquina paquidérmica" cheia de estatais inoperantes e funcionários ociosos. O dinheiro recolhido do contribuinte é usado em desperdícios e empreguismo. Criam-se secretarias umas atrás das outras, inutilmente, acumulando parasitas num carnaval de contratações de apadrinhados. Não há nunca demissão dos funcionários que reconhecidamente ganham sem trabalhar. As repartições públicas existem mais para proteger interesses escusos, nunca, para defender o que são rotuladas. Quando jacarés e tartarugas estão dentro da água, quem cuida da sua preservação é a Sudepe, Superintendência do Desenvolvimento da Pesca. Quando saem para a beira dos rios a responsabilidade passa para o IBDF, o Instituto Brasileiro de Desenvolvimento Florestal. E quando o jacaré fica com a cabeça na areia e o rabo na água, quem toma conta dele?...

O "Tenente Xaréu" participou de grandes incêndios,

alguns deles iniciados com bombardeamento de **napalm**, que assolaram toda a Amazônia, destruindo milhões de árvores, impedindo quem sobrevoasse o percurso de Belém a Manaus ou Brasília de ver alguma coisa abaixo da fumaça.

Incêndios que variavam, feitos em pequenas propriedades, até enormes áreas, detectadas por satélites.

O baiano travestido de tenente era um agente da destruição, quando não estava a serviço das multinacionais, ou operando como sabujo de milico em tropas de "proteção", dedicava-se a instruir pequenos proprietários. A lei proibia a queima de mais de 50 por cento das árvores, mas burlada pelas orientações dadas pelo "Tenente Xaréu", de várias maneiras. Uma delas era alguém comprar as terras e queimar a metade e depois vender a parte não queimada a outro. Esse outro queimava a metade e vendia a outra metade não queimada a um terceiro que por sua vez usava o mesmo método e assim sucessivamente, até não restar mais nada...

Região em que o naturalista inglês Batles que viveu na época vitoriana, identificou em sua viagem à Amazônia cerca de 17 mil insetos diferentes e estimou em 2 mil as espécies de pássaros...

Em suas andanças como um Nero moderno, o "Tenente Xaréu" colaborava na queima de mais de um quarto das florestas da Bacia Amazônica e do Mato Grosso. Com tal quantidade arrasada, destruida pela mão do homem, a prosseguir a incessante atividade predatória não restarão mais árvores na região no ano 2 000, com terríveis conseqüências para o clima da Terra.

A devastação do falso tenente vinha "lá de cima para baixo" referindo-se da Amazônia para o Pantanal, onde devastavam florestas inteiras de castanheiras, lançando no desemprego mais de dez mil brasileiros coletores de castanhas. Dos quais apenas um punhado conseguia encontrar lugar nos ranchos de criação de gado que surgiam no lugar das florestas, já que um homem é suficiente para tomar conta de mil cabeças de gado.

Os militares brasileiros no governo, alegando que a destruição tinha a intenção de fixar na região amazônica 5 milhões de nordestinos não atingiu seus objetivos e na verdade favoreceu as multinacionais que se aboletaram na região diante das facilidades. Além de uma leva imensa de aventureiros e outros predadores que não estavam ali para ficar.

E tome fogo nas terras. Porque queimar árvores para quem não estava para ficar — segundo o "Tenente Xaréu" significava método mais barato...

Mas não contavam que os lucros de curto prazo seriam pagos por imenso prejuízo e irreversível para aqueles que pretendiam viver com o resultado das queimadas.

Mais uma vez a natureza castigava os ambiciosos destruidores. Noventa por cento do solo da Bacia Amazônica é tão pobre que não pode ser convertida em pastagens adequadas sem a adição de custosos fertilizantes e se eles não são colocados, a rala grama que existe logo se vai.

Para uma multidão de pequenos rancheiros, três acres de terra alimentam mal uma única cabeça de gado e depois de dois ou três anos quando as chuvas lavam os nutrientes do solo, o processo de oxidação tem início e daí vem a desertificação da área...

Para aquela gente bronca que somente pensava em destruir para ganhar a vida sem muito esforço e pensando ser assim que se leva progresso. E para os militares gananciosos por dólares acumulados em suas mesas em Brasília nada mais importava. Tanto um quanto outro, não sabiam que ali a floresta sobrevive quase que independentemente do solo, num estado de equilíbrio.

Além do que é derivado da fotossíntese através da qual a floresta amazônica fornece 50 por cento do oxigênio do mundo, as árvores vivem graças a um processo de autofagia, em que os nutrientes são fornecidos pelas árvores menores, tornados rapidamente disponível pela ação de insetos, do fungo e das larvas.

A floresta recicla 51 por cento da chuva que cai sobre ela e produz um pouco mais de energia do que consome. Com a remoção das árvores, a temperatura sobe imediatamente cerca de 30 graus **farenheit**, as chuvas diminuem mas as enchentes se tornam uma constante, uma vez que o solo perde o "efeito-esponja" provido pelas plantas. As chuvas lavam o solo e os nutrientes também.

Existe um perfeito equilíbrio ocasionado pela inter-ação planta-animal, e um exemplo disso é a castanheira cujas flores são polinizadas por insetos e a reprodução se faz pela ação de um roedor (a paca) que mastiga as castanhas e deposita o produto em lugares aptos à germinação...

Outro exemplo da incrível e delicada inter-ação é a reprodução de uma gigantesca trepadeira de vagem que desce e pende sobre as águas e cujas sementes só podem germinar depois que o caroço é engolido por um peixe que eventualmente defeca em lugar propício à sua germinação...

— Sei que **sint lacrimae rerum** (até as coisas tem lágrimas), mas tenho que enriquecer... e depressa!... — desabafava o "Tenente Xaréu", pondo fogo em tudo...

Por acaso o "Tenente Xaréu" sabia que cerca de um terço das árvores do mundo cresce na floresta amazônica e, que seu desaparecimento ocasionará uma dramática deterioração do clima terrestre?

A floresta continha 300 toneladas de carvão por hectare e se sua extensão total de 280 milhões de hectares fossem queimadas lançaria suficiente dióxido de carbono na atmosfera para aumentar o gás em 10 por cento. A ameaça é dupla: a perda da importante produção de oxigênio e da sua capacidade de absorver dióxido de carbono.

A destruição da Amazônia equivaleria ao desaparecimento de um dos grandes oceanos da Terra o que significa um suicídio ecológico...

Saberia por acaso o "Tenente Xaréu" algo sobre o efeito albedo?

Ou mesmo as autoridades militares, que só sabiam destruir em benefício próprio, ou através da Capemi e outros escândalos?

O desaparecimento das florestas tropicais levaria ao desaparecimento do oxigênio na atmosfera terrestre. A destruição das florestas dos trópicos aumentaria o reflexo do Sol na Zona Equatorial (efeito albedo) e o aumento do dióxido de carbono na atmosfera e esses processos levariam ao total descontrole dos padrões climáticos da Terra...

O aumento do dióxido de carbono na atmosfera, elevaria a temperatura mundial ocasionando o derretimento das calotas polares e um aumento no nível dos oceanos suficientes para inundar centenas de cidades costeiras...

O MINÉRIO

Lemira despediu-se do pai e do bugre Cangas, que a chamava de Luna. Ia fazer uma visita ao departamento que cuidava da extração de minérios raros e preciosos, agora sob orientação do barbudo "Tenente Xaréu" e do "Napoleão da Selva". O brasileiro e o paraguaio passaram a andar juntos como corda e caçamba, segundo suspeitas do primeiro assim seria mais difícil de serem eliminados pelo fazendeiro que também na opinião do baiano, queria ficar com tudo acumulado pelo bando. Incalculável fortuna.

A mulher ouviu falar vagamente em nióbio, fosfato, tungstênio e só conhecia na verdade ouro em pó, em pepita e algumas pedras preciosas.

Ao entrar na zona das minas, parecia ser mais ou menos como retornar ao tempo da "derrama", que Portugal fazia aqui até 1822: postos de fiscalização nas regiões minerais, cobrança dos tributos no ato. Foi por meio dessa política que o ouro e outros minérios preciosos do Brasil serviam não só para fazer a grandeza de Portugal, mas também via Portugal, a grandeza de outras nações. Quem conduzisse ouro ou pedras era obrigado a abrir a sacola e **derramar** o conteúdo sobre a mesa, perante o funcionário que retirava, na hora, a parte da Coroa portuguesa, dai o termo.

Com a diferença, de que naquele tempo extraía-se tão-somente ouro e algumas pedras preciosas. Ali nas minas pantaneiras da quadrilha, com recursos modernos extraíam (e clandestinamente exportavam) materiais mais valiosos: minérios raros para a metalurgia, minério atômicos que servem para reforçar o poderio militar e político de nações poderosas; cristal-de-rocha que é a "alma" de toda a expansão do ramo de foguetes e satélites e ainda, indispensável à fabulosa indústria eletrônica que está concretizando o que até recentemente era inimaginável.

O minério contido no sub-solo do Pantanal além de valioso é também diversificado, como em nenhuma parte do globo. Diamante, tório, urânio, titânio, linhita, cobalto, sempre citados a todo instante no departamento.

Contrabandistas do quilate do "Tenente Xaréu", só conheciam o valor dos dólares que entravam as escondidas das autoridades, mas não sabiam para que os minérios vendidos serviam. E nem estavam interessados. Eram chefes e só. Aos técnicos contratados pela quadrilha competia esse conhecimento.

O tratamento, péssimo, desumano. Como em todos os departamentos, a apresentação impressionava os trabalhadores que viam inicialmente grande possibilidade de ganharem dinheiro. Posteriormente caiam num regime quase escravocata com poucas possibilidades de abandonarem o serviço.

Lembrava o tempo da escravidão. Voltavam ao período miserável dos povoados matogrossenses, com águas extremamente límpidas e o leito obstruído por pedras onde negros curvados procuravam o precioso minério. Igual ao arraial daquele tempo em que os negros viviam ocupados na extração de ouro e diamantes. Havia posto militar sob o comando de um Guarda-Mor, oficial cuja função consistia em impedir que outros procurassem diamantes, além dos escravos mantidos pelo Estado.

Época triste onde o temor de passar por perto de tais minas e trechos de rios era tanto, que viajantes faziam grande voltas somente para não passar no lugar. Quem fosse visto tomando banho no rio ficava preso a fim de verificar se não tinham pedras em seu poder. Cortavam-se os dois punhos daqueles surpreendidos tirando diamantes.

Relatos de homens que operavam ali, contam a história de um negro escravo velho que foi violentamente chicoteado, tão barbaramente surrado a ponto de ter passado bastante tempo, ainda guardava vestígios do severo castigo que lhe fora imposto. Ficara aleijado para sempre. O crime de que o acusaram foi o de haver simplesmente lavado os pés na beira do rio...

A quadrilha moderna que agia no Pantanal não fazia por menos, com aqueles que desrespeitavam as ordens dadas...

Lemira chegou finalmente até o "Palácio das Pedras", em que os dois chefes encarregados da produção ficavam. Uma sólida construção de tijolos, diferente do enorme barracão de madeira onde mantinham o controle sobre a caça e pesca e daquele outro em que olhavam a derrubada das árvores para a extração de madeiras de lei. Nada parecia também com a casa de madeira super guardada, nas matas onde zelosamente cuidavam dos tóxicos. Outro departamento.

O forte de alvenaria no meio de um capão de mato composto de paricá, morotótó, japaanim, pau-mulato, servia de escritório e apartamento e no alto, com as mais eficientes condições de segurança. Dali se enxergavam as minas e quase todo o movimento do pessoal, bem como o transporte de minérios em caminhões.

— **Vanitas vanitatun et omnia vanitas!** (Vaidade das vaidades e tudo é vaidade!) A bem feita libélula, filha da viúva-negra veio finalmente nos visitar. Não deixaram ela ver a aranhona... — Comentou o "Tenente Xaréu" com o companheiro que mais tossia do que outra coisa, apesar do "Dr. Jaburu" ter recomendado o uso da banha do tatu-peludo, misturado com meio litro de mel de abelha-oropa, dizendo ser santo remédio para qualquer fraqueza do peito.

Referia-se ao fato da seção de cocaína estar severamente controlada. Poucos entravam e saiam do regime de escravidão imposto. Departamento da quadrilha onde a vigilância tinha que ser mais rigorosa.

Deitado na rede, ao ouvir falar em visita, automaticamente o paraguaio ajeitou na cinta o reluzente Smith & Wesson 38. Sobre a mesa as pedras amontoavam-se junto das duas boinas pretas dos "comandantes".

— Fato inédito na Biologia! Um casal composto de camaleão e aranha-viuva-negra, parir uma libélula, óxente!...

Falou baixo o baiano para acalmar o castelhano.

A mulher só pegou o fim da frase. Ao ouvir libélula, gostou e sorriu.

As libélulas são insetos que como os gafanhotos e as borboletas, migram em busca de novas paragens, voando em bandos consideráveis ao longo dos rios, para realizarem suas desovas em algum longínquo remanso.

Curioso hábito das libélulas é o de sempre aparecerem, em quantidade imensa, pouco antes de desabar uma tempestade. Nessas ocasiões, voam velozes como se, tomadas de grande pavor, estivessem fugindo de algum perigo iminente...

Lemira ao cumprimentá-los levou um susto ante tanta beleza. Topázios ao lado de ametistas; um punhado de grandes água-marinhas misturado a turmalinas. Muitas e muitas pedras, de vários tamanhos, crisobérilos, citrínos, granadas, quartzos, ágatas...

— Isto não é nada, venha ver daqui — o baiano pegou a mulher pelo braço e levou-a até a janela da fortaleza.

O perfume suave do corpo feminino bem tratado desnorteou um pouco o homem habituado ao cheiro de suor masculino dos que entravam e saiam conduzindo pesadas quantidades de minérios. Lemira portava uma blusa leve sobre **jeans**. Como de costume, nada mais. Com o braço ele roçou num dos seios da mulher que ajeitando os negros cabelos soltos emoldurando o rosto perfeito e olhos verdes, nem ligou. E ainda lançou um branco sorriso que iluminou a alma do baiano.

Dali de cima foi exibida toda a majestosa paisagem pantaneira. Naquele trecho talvez repousasse grande mina, maior que Carajás, inigualável em todo o planeta. Guardando em suas entranhas, ferro, manganês, cobre, estanho, níquel, chumbo, zinco, amianto, ouro, prata...

Embaixo uma sumauma enorme. Algumas emas vasculhavam a superfície em busca de vermes, insetos, ratos. Além de frutas e até moluscos, as aves se destacavam pela capacidade de engulirem os mais inusitados objetos como porcas e parafusos que se desfazem no organismo. Mas naquelas terras ricas, certamente poderiam engulir algo muito mais valioso...

O que diferenciava dos outros departamentos da quadrilha é que ali moto-serras, teodolitos, geofones para auscultar a terra, fitas magnéticas de computador, microscópios e outros aparelhos de precisão, substituiam revólveres, carabinas, facas e munições. As poucas armas usadas como proteção, ficavam escondidas, a não ser o Smity & Wesson do paraguaio sempre à mostra e a Lugger do "Tenente Xaréu", discretamente colocada na gaveta semi-aberta.

O chefe "Tenente Xaréu" apontava com detalhes toda aquela fortuna. Enquanto o castelhano que não aparentava ser nem sombra do autoritário "Napoleão da Selva" definhado que estava pela tuberculose, que parecia agora se mostrar galopante, providenciava alguma coisa para oferecer à visitante e que consistia apenas da **caña**.

Não tinha nem licor de jenipapo. Na cesta, só araticum-do-campo, nem bananas.

O doente militar, de coronel descera para ajudante de ordens do "tenente", quando não garção, como estava sendo ao trazer a cachaça e três copos. Para minorar a fortidão do álcool trouxe também limão e açúcar para a mulher.

Os três sentaram-se para conversar mais a vontade e tomar o aperitivo. Antes de dar o copo o "Tenente Xaréu" colocou na mão de Lemira um enorme rubi, para ela mandar confeccionar valiosa jóia.

Ele não era técnico para falar com a mulher sobre monazita e columbita. Muito menos em tantalita, tório e urânio, que sabia ser apenas o último, um minério atômico. Assunto para especialista. A única coisa que o baiano sabia mesmo é que a privilegiada região que exploravam, tinha todos os minérios valiosos e em grande quantidade. Rendendo milhares de dólares para a organização.

A mulher interessou-se, afinal seria herdeira de uma parte, a maior delas. Enquanto o paraguaio amarelo-esverdeado retraído pela tosse implacável, ficava de lado quase não falava mas bebia desenfreadamente.

Lemira perguntou se tinham visto a mãe dela ultimamente. O chefe tentou desconversar e, apenas afirmou que Eva era agora junto do **cocalero** boliviano, mais uma **pata verde**, deixando a mulher na mesma pois ignorava o significado da palavra.

Diante das perguntas insistentes o baiano recomendou que ela fosse pessoalmente àquele departamento. O que ele poderia fazer seria providenciar um salvo-conduto para Lemira visitar a mãe. E seria bom que o pai como poderoso chefe-dos-chefes também interferisse, porque entrar e sair daquele inferno de drogas e bem guardado, estava cada vez mais difícil com a Polícia Federal tentando impedir até o tráfego aéreo dos contrabandistas.

O "Tenente Xaréu" tratou logo de mudar de assunto. Ainda mais que ele pedira ao boliviano que destruisse Eva por julgá-la uma pedra no caminho das ambições dos quadrilheiros. Preferível então falar sobre cassiterita, magnesita, mica, tório, ainda que não entendesse...

Conversaram sobre assuntos do departamento em que estavam e o homem ia mostrando relatórios sobre descobertas de jazidas de bauxita, minério que serve de matéria-prima para o alumínio. Explicava até onde seu conhecimento permitia o resto ia enrolando enquanto a bela mulher estava toda atenta.

Pegou uma das mãos de Lemira, pediu que juntasse as duas palmas e despejou sobre elas um pequeno saco contendo esmeraldas brutas para serem lapidadas. Algumas cairam e rolaram para o chão, quando ela fez gesto de apanhá-las o homem pediu que não se preocupasse com aquilo. Nem ligou.

O paraguaio ao ver o baiano segurando as mãos da mulher repletas de pedras preciosas, pediu licença e retirou-se como se estivesse sobrando naquela hierarquia ao contrário. Deu a desculpa de que ia na cozinha preparar rapidamente alguma coisa para os três comerem. Principalmente Lemira que apesar dos aditivos colocados ainda achava a pinga forte.

— **Voluti non fit injuria**! (Não acontece injustiça a aquele que consente). Veja no que está reduzido o famoso "Napoleão da Selva", nome tão conhecido e respeitado no sub-mundo do crime da Amazônia! E depois ainda dizem que as matas dão fortuna, quando é mais uma ilusão; ela dá, e depois tira com juros! — E apontava para o companheiro que tossia. Um caco de gente.

O "Tenente Xaréu" encheu sem copo novamente não esperando nada para acompanhar a cachaça forte e prosseguiu:

— "Libélula", seu pai não pode saber do estado em que este homem se encontra e que só vive apoiado em mim. O departamento que visito, para saber como vai indo a produção, ele vai junto como um reles ajudante e não como chefe com os mesmos poderes que eu tenho. Não anda mais sozinho. Onde vai tem que parar, sempre perseguido por suores e acessos de tosse. Está imprestável.

— Meu pai talvez esteja pior do que ele. — Disse em resposta a mulher. — Tem ainda contra si a idade avançada e o tipo de vida que sempre levou atrás do gado, dormindo ao relento, passando fome, sede e frio. Está cada vez mais caduco, não sabe nem que seu cavalo preferido chama Paiaguás. Chega a me confundir com minha mãe e quer me levar para a cama.

Mas a aparência, fantástica, apenas os olhos verdes de Lemira diferenciavam dos negros de Eva. O bugre Cangas também atrapalhava-se. Amava demais Moana (Eva) mas agora sua paixão estava sendo dividida com Luna (Lemira), cuja estatura, formato do corpo, pele morena, nariz bem feito e dentes perfeitos eram praticamente os mesmos.

— Por isso estou aqui, procurando me inteirar de tudo, para ver no que posso colaborar com vocês que estão tão poucos — confidenciou a formosa mulher.

— Tão poucos? Pelo jeito "somos" um: eu! — Disse sorrindo pela primeira vez o barbudo "Tenente Xaréu" que até ali vinha mantendo a mulher em certa distância. A bela libélula filha da aranha, não parecia tão terrível como imaginava. O papo informal entre os dois estava mudando a imagem que o baiano fazia de Lemira.

O sol sobre o **bunker** naquela hora do dia aumentava. No forte com segurança de onde controlavam toda a preparação dos minérios o calor começava a aumentar violentamente, esquentando também as pessoas, avolumada pelos vapores da cachaça mesmo aquela que tinha sido preparada especialmente, com bastante limão e açúcar.

O baiano levantou-se para ligar o ventilador ao notar que a bela mulher se abanava com uma das folhas de relatório dos muitos espalhados.

Ao voltar a seu lugar, Lemira estava desabotoando a blusa onde parte de um de seus maravilhosos seios apareciam, e o outro já estava livre.

O paraguaio entrou e tentou recuar, com a cena que pensou ser reservada somente ao brasileiro. A mulher solidária o chamou:

— Companheiro que luta unido, fatura unido e se diverte unido. Que é isso, não volta, não... Aqui somos todos iguais. Não há oficiais, só civis, quer ver? — E foi desabotoando a desbotada túnica onde o militar trazia dependurada a coleção de medalhas e que o fazia arcar pelo peso.

A formosa "Libélula" ficou de pé junto dos dois homens, completando por tirar a túnica do esquelético paraguaio que atônito com a reação parecia um cabide de ossos. Em seguida Lemira abraçou os dois juntando-os o mais possível e com as mãos macias foi tirando a roupa deles. Com a esquerda tirava a cinta do coronel onde pendia o revólver "trezoitão" e com a direita desabotoava a camisa do "tenente", afastando a "peixeira". Com a ajuda dos dois homens mais interessados do que ninguém, num segundo os três estavam nus e de pé olhando um para o outro como a esperar ordens: o que aquela maravilhosa mulher faria em seguida, já que aparentava ter incrível experiência.

— Vou mostrar como uma só mulher quando quer serve a dois amos ao mesmo tempo... E dois amos servem a mesma mulher. Você — puxando a cabeça do baiano em direção de um de seus seios — fica aqui, é proprietário da cintura para cima. E você — baixando a cabeça do frágil paraguaio para junto das coxas — é o dono da cintura para baixo...

A voluntariosa fêmea não precisou fazer muita força para o gesto, tamanha a fraqueza do castelhano que também colaborou ajoelhando-se. Há muito não via um par de coxas na frente e tão lindo. Passou a beijar freneticamente as pernas de Lemira, como um possesso, que se arrepiou todinha e se apoiou no "tenente" para não cair enquanto este beijava os vermelhos e carnudos lábios da mulher agora totalmente fora de si e descabelada. Abriu um pouco as pernas e colocou a cabeça do coronel como ambos queriam, entre os pelos de cima e as coxas.

O homem bem que tentou a operação, mas engasgou pela tosse inoportuna; maldita que vinha na melhor hora. E já fazia alguns minutos que o deixara de folga.

— **No es posible, no es posible...**

Nervoso ele abandonou a posição de ajoelhado, entre

as pernas da mulher. Levantou-se e caiu na cama desapontado como querendo deixar os dois saudáveis a vontade. Lemira percebeu o gesto e não concordou mais uma vez com o homem fora da jogada. Largou o baiano de pé a espera do melhor, e voluntariosa como sempre partiu para consolar o paraguaio que mesmo deitado ainda tossia.

Talvez lembrando-se do sotaque do ex-noivo Perseu, a mulher foi por cima do castelhano; ajoelhou-se sobre o corpo magro do militar e pos-se a se ajeitar de maneira que desse maior prazer ao pobre homem que não fazia aquilo há muito tempo.

O "Tenente Xaréu" não aguentou a cena: vendo o belo traseiro mexendo-se feito uma libélula na sua frente, não resistiu ao convite, como cavalo trepou em cima da fêmea. Lemira não rejeitou mais aquela carne dura penetrando em suas entranhas, ao mesmo tempo...

Quando sairam da posição de sanduiche-humano, o castelhano por baixo estava mais morto do que vivo. Foi preciso abaná-lo e muita massagem para que o homem voltasse a si.

Novo gole de **caña**, desta vez em silêncio para recuperar as energias gastas na "acrobática ginástica" e todos já estavam aptos a cuidar de suas obrigações como se nada houvera acontecido no **bunker** dos minérios, o "Palácio das Pedras"...

O magro militar já estava com o revólver e no peito suas inseparáveis medalhas que o deixavam mais arcado. O baiano com a "peixeira" na cinta (só havia tirado na hora H), e a exuberante fêmea calçava a bota para completar a indumentária composta de calça de brim e leve blusa, onde mexia-se o par de seios formosos como a querer ser massageado e começar tudo novamente...

O falso tenente afastou a montanha de papel posta na mesa tosca onde repousavam pedidos de toneladas de molibdênio que não sabia o que era quanto mais para que servia. Nem estava interessado. Outros pedidos, sobre toneladas de minério de ferro. Cairam, assim relatórios sobre manganês; pesquisas de estanho, grafita, enxôfre, cobre, chumbo, níquel e outras riquezas do Pantanal. Nem ligou para elas, na verdade estava na frente da única riqueza da região: Lemira, a "Pérola do Pantanal".

A mulher mexera com sua cabeça. O retrato de Eva em tudo, do rosto bem desenhado ao bem feito corpo. Nas ações, despachada, nas atitudes e o mesmo espírito de iniciativa. Começava sempre e como os homens desejavam. Advinhava o que os machos queriam para lhes dar prazer. O "Tenente Xaréu" que conhecera Eva tão intimamente via não uma cópia e sim e própria mulher porém mais nova, bonita e apetitosa.

Ao fazer a comparação, o frio contrabandista nem por um instante ficou com pena de Eva vivendo com o **cocalero.** Voltou a olhar Lemira, insaciável libélula como a mãe aranha, tanto que insistia para que os dois voltassem ao ninho do amor. Distante, muito afastada da ingênua mocinha que brincava com vagalumes e colecionava vasinhos de formigas que viravam cipós...

Como surpresa o baiano barbudo gostou, mas voltar à cama acompanhado de outro macho, nunca mais. Suruba não fazia seu gênero, não era de seu feitio. Além disso uma série de compromissos inadiáveis o aguardavam.

Apenas pronunciou cinicamente:

— **Bis dat qui cito dat!** (Quem dá depressa dá duas vezes...)

Despediu-se da "Libélula" ficando combinado uma próxima visita para os dois, dias depois, ao setor de derrubada das árvores e outro, marcado também para visitarem juntos (e com calma, pediu o baiano), o departamento de caça e pesca.

— Mas leve também o castelhano... Senão não tem graça, você não gosta de sanduiche?

Até nas tiradas estava ordinária e depravada como a mãe...

Como prova de que havia se interessado pela mulher, o "Tenente Xaréu" abriu a gaveta e tirou de dentro a Lugger. Deu de presente para que Lemira se protegesse dali para frente. Na verdade o egoista baiano confiava mais na "peixeira" sua marca pessoal, não falhava, dai desprezar a outra arma.

Ao sair do "Palácio das Pedras" desviando de potes contendo amostras de caolim, talco, corindon, linhito, a mulher empurrou com o pé um volume no caminho, como fazia com o engradado de camaleões (comida predileta de seu pai) que vivia no caminho. Só que o caixote ali, continha valioso cintilômetro, um contador **geiger** aperfeiçoado para testar pirita se acusava radioatividade, e que os geólogos também usavam para medir radiações em outros minérios.

Não demorou muito para o jipe de Lemira se afastar daquelas terras valiosas onde outra pesquisa não tinha sido feita, senão revelaria a presença de ouro-negro: petróleo! E em grande quantidade, mas não em benefício do país e sim carreando como tudo para o bolso da poderosa quadrilha que daria um jeito de extraí-lo clandestinamente, como já faziam com os outros produtos da terra.

O paraguaio já estava com saudade. Não acreditava que a aventura amorosa tinha sido verdadeira:

– Eu te **saludo** e te batizo "Hija del pampero" – disse feliz.

E explicou para o companheiro, porque minutos antes do forte vento que vem dos pampas, chegar, as libélulas são vistas em grande quantidade voando com incrível velocidade.

Mas não só anunciam o pampeiro que se aproxima. As libélulas se alimentam devorando outros insetos, e estes são capturados durante o vôo com extraordinária habilidade graças às estruturas especiais do seu organismo, que tornam estes insetos altamente especializados.

De fato, o seu corpo é forte e ao mesmo tempo leve; sua capacidade de vôo é notável; sua cabeça grande, gira ao redor de fino pescoço; seus olhos, numerosos, dispõem-se de modo a receber impressões de todos os lados; suas peças bucais apresentam poderosas mandíbulas que se abrem largamente; suas pernas, delgadas dirigem-se para a frente e estão munidas de pequenos espinhos para melhor agarrar suas presas.

Todos esses caracteres concorrem para que a libélula seja considerada uma verdadeira "armadilha voadora". Sua voracidade é formidável: em 30 minutos consome o seu próprio peso em comida, não perdendo com isso o apetite, pois (como Lemira) está pronta a recomeçar imediatamente novo repasto...

A FISCALIZAÇÃO

A água é o estigma do Pantanal. Num momento tem água em excesso criando problema para o gado que se acostumou pastar nadando mas tem que dormir em lugar seco. Em outro momento é a seca quando a boiada fica sem água para beber...

Na imensa planície pantaneira acha-se — exatamente sobre o rio Cuiabá — o centro geográfico da América do Sul.

O Pantanal é uma bacia sedimentar quartenária, com cordão de serras, entre elas as de Maracatu, das Araras e Bodoquena. A altitude de 500 a 700 metros da linha montanhosa cai para um valor básico de 100 metros, estando o mar, no seu ponto mais próximo (Paranaguá), a mais de 1 200 quilômetros. O subsolo pantanoso é generoso embora ainda não inteiramente pesquisado.

O tempo das águas fortes estava chegando e algumas providências tinham que ser tomadas...

O processo de inundação do Pantanal não é tragédia anual. Trata-se de um regurgitamento dos rios que descem das serras com as águas enriquecidas de humo, sais, matérias orgânicas e colóides.

Um festival da natureza a bem do solo, da vegetação, dos animais e dos peixes. Que esparge sobre a terra uma extensão maior do que vários países da Europa (Bélgica ou Holanda), uma camada de elementos orgânicos que representa bem-aventurado processo de limpesa, de renovação e de enriquecimento do solo e da vida.

Muitas das pragas e parte da vegetação indesejável morrem asfixiadas sob a água enquanto certas gramíneas estão sempre mantendo suas pontas acima da linha da água, florescendo revigoradas e dominantes, para alimento dos animais.

Quando elas chegam com toda a fúria os bois procuram inutilmente um local seco para dormir. Já os cavalos exigem menos. Dormem em pé e durante o dia chegam a mergulhar a cabeça na água até o nível do ouvido para abocanhar o vegetal mais fresco na região quente-úmida onde ter 50 000 ou 100 000 cabeças de gado é çoisa natural...

Quando o mau caráter do "Tenente Xaréu" soube através da própria filha do fazendeiro, de que Esiário Diangio estava caducando quiz se aproveitar da situação para "liquidar a fatura" como dizia: ficar com as terras do "Camaleão" e de todas cabeças de gado que não eram poucas, já que a filha, ele a tinha "comendo na mão".

O castelhano "Napoleão da Selva" não ia longe. — Pensava o falso tenente mascando o charuto. — Mais alguns meses e estaria fora da sociedade para sempre. Com ele o baiano nem precisaria sujar as mãos...

Pensando no gado e nas terras, mais do que na bela mulher, o "Tenente Xaréu" passou a encontrar Lemira com freqüência, mas por precaução sempre fora da casa grande de sinistro barulho no sótão que impressionava o baiano.

Como de costume, a mulher tomava iniciativa e ia visitar o "Tenente Xaréu" que juntos partiam para vistoriar os departamentos da organização. Um dia, iam ao que cuidava de caça e pesca, no outro ao encarregado da derrubada das matas, ao dos minérios, mas nunca ao dos tóxicos...

Até que o baiano resolveu pedir Lemira em casamento para completar seu plano de posse geral. E a mulher aceitou. Ignorando estar frente a frente com o homem que havia mandado acabar com sua mãe...

Em homenagem pensou em latin mas nada disse. **Verba volant, es cripta manent.** (As palavras voam, os escritos ficam.) E ele queria tudo de papel passado com a única herdeira.

Faltava consultar Esiário Diangio mas este, já o estava controlando. Nos poucos momentos de lucidez do fazendeiro o "Tenente Xaréu" levava-o, para começar ao brete, que o velho chamava de siringa. Depois passou a arrastá-lo para mais longe, ver compor o animal como eles chamam no Pantanal, amansar, escovar, adestrar mantendo sempre em forma os cavalos da fazenda.

Mas Esiário Diangio, não tinha o menor interesse em nada do que lhe era mostrado. Não lembrava mais nem do seu querido Paiaguás, o cavalo de estimação.

No outro dia o interesseiro baiano levava o velhote para apreciar desterneirar o gado, promover o desmame. Indo até lugares onde o "Camaleão" há muito não percorria: visitar os pastos de colonião para engorda do gado. Mas sempre com único objetivo: posse das terras da fazenda e de todo seu gado, para completar sozinho o sonhado império do Pantanal, o tão esperado "Quartel da Fortuna"...

O "Tenente Xaréu" despediu-se de Lemira e embarcou no Skyline. O aparelho tinha acabado de regressar de um pastoreio aéreo, em que o gado é tangido de avião. Ia para o Paraguai como negociante de gado e ao mesmo tempo vender também lotes de pedras preciosas, além de tentar descobrir novos caminhos para facilitar ainda mais o escoamento do contrabando.

O baiano abriu o jornal e riu com a notícia do país civilizado: "Durante duas semanas, todos os anos, uma estrada na França é interrompida, das 9 da noite às 6 da manhã, para dar passagem a sapos". As outras manchetes denunciavam o óbvio, sem que providências reais fossem tomadas: "Cerca de setecentos mil a um milhão de jacarés são mortos por ano no Pantanal". "Alemanha e Japão são os maiores compradores dos couros". "Um problema de educação ambiental: as pessoas devem ter consciência dos prejuízos que causam para a natureza"...

Iria sem o gordo sócio boliviano porque o homem já se encontrava em estado comprometedor diante do avançado estágio do vício. Chamava muita atenção pelo fato de mascar folhas de coca a toda hora. Quando não podia, levava a maleta de couro de jacaré com seringa, pó, agulhas, o que numa revista o denunciaria de pronto.

Se bem que o narcotraficante para ocasiões especiais de viagens como aquela sabia disfarçar. Transportava um espelhinho de bolso, uma lâmina de barbear no aparelho, uma caneta esferográfica e pó de cocaína num minúsculo envelope depositado dentro do cabo do pincel de barba. Da caneta tirava a tampinha e a carga de tinta aproveitando o pequeno canudo. Abria o "papelote" contendo a droga, acondicionada em plástico contra a umidade e desmanchava o pó na superfície do espelho. Com a gilete juntava o montinho e o dividia em fileiras. Com o tubo vazio da caneta esferográfica aspirava a droga pelo nariz...

A quadrilha prosperava cada vez mais graças em parte a corrupção reinante na fiscalização...

Mesmo assim o falso tenente não estava satisfeito. Queria agilizar seus departamentos. Pretendia ter outras facilidades no transporte de peles e couros. Por isso estudava as possibilidades de novas rotas. Quanto mais campos livres para a saida de mercadoria, melhor.

— Só tenho uma preocupação nesta viagem: ser conhecido por alguns dos homens do federal Bellini. O resto nada temo.

Se a viagem do "Tenente Xaréu" foi rápida a estadia, curtíssima. Nada demorou, pois não pretendia deixar por muito tempo a organização.

Foi de avião como vendedor de boi dispensou o piloto e voltava logo como simples turista, num ônibus de frota regular do Paraguai via São Paulo. Queria ver de perto o caminho para saber se havia mais ou menos controle do que as barreiras de Mato Grosso, fracas para conter todas as modalidades de crimes e contravenções comumentes praticadas a partir das fronteiras com o Paraguai e a Bolívia. Bem como a melhor maneira de ludibriar ou "engraxar", naquele trecho onde o transporte de peles e couros, menor, praticamente inexistente. Examinar quantas barreiras existiam no percurso e o número de fiscais.

Perdeu seu tempo. Percebeu que na rota Foz de Iguaçu-São Paulo os fiscais eram piores do que os do Pantanal. Pior não no sentido de que eles trabalhavam para o Estado, mas sim em benefício próprio e com desenfreada ganância que viria dificultar em muito o trabalho do pessoal do "Quartel da Fortuna" se passasse sempre por ali.

O esquema das autoridades chocou o frio contrabandista.

Afinal os homens encarregados de fazer cumprir a lei, que deviam cuidar de controlar as mercadorias contrabandeadas agiam de forma pior do que os quadrilheiros profissionais, porque roubavam dos dois lados, dos contrabandistas e do Governo que lhes pagava os salários...

Uma quadrilha rotulada de justa, a roubar outra.

E se operavam daquela maneira com simples amadores, o que os fiscais não faziam com carros furtados, café, gado etc?

Em Foz de Iguaçu o baiano sentou-se num ônibus de turismo, que verdade seja dita, tinha muito mais contrabandistas amadores, pessoas de várias classes sociais que iam ao Paraguai comprar uisque, relógios japoneses mal fabricados por chineses, eletro-domésticos, aparelhos elétricos em geral, para vender aos amigos com lucro de mais de cem por cento, do que gente interessada nas belezas das cataratas.

De Foz de Iguaçu até São Paulo o ônibus parou em quatro barreiras!

— Outra vez? — Perguntou uma das passageiras que devido as barreiras formadas não tinha mais dinheiro nem para a alimentação da criança que a acompanhava.

— É — Respondeu a guia. — E as vezes eles não querem só dinheiro, querem também mercadorias: uisque, relógio, gravador, vídeo-cassete, televisão, conforme...

— Mas normalmente não são somente duas barreiras? — Interrogou com ar inocente ao guia, dando uma de ingênuo marinheiro de primeira viagem, o "Tenente Xaréu" que vinha pagando o lanche da criança e da mãe dela.

— Normalmente são — respondeu o homem encarregado do bem estar dos passageiros e nas horas vagas arrecadador de dinheiro extra "para o pedágio". — Mas o senhor esquece de que estamos às vésperas do Natal. A fiscalização sabe que é maior nessa época o número de pessoas que vão comprar muamba no Paraguai. E querem presentes. Também são filhos de Deus...

— Ah, sim... Por certo, óxente!...

O guia sem a menor cerimônia toda vez em que o motorista anunciava barreira a vista, corria recolher mais dinheiro dos passageiros. Assim as barreiras eram montadas de acordo com as necessidades dos bolsos dos descarados fiscais.

Ao lado da poltrona do "Tenente Xaréu" viajava um velhinho que trazia cinco aparelhos contra surdez. Numa das barreiras formadas às pressas e rusticamente pelos funcionários encarregados da "moralização das compras", o guia desceu como sempre fazia, para saber em quanto importava a "Taxa". O "Tenente Xaréu" aproveitou para descer com ele e ver de perto o descaramento, a sujeira toda. Afinal as autoridades não podiam agir assim quase pior do que seu bando.

— Por favor — começou com muito tato o guia para não ofender o fiscal, tinha mais essa, — eu vim lhe avisar o que se passa com o passageiro da poltrona dezessete, antes que o senhor julgue que é malcriação ou rebeldia. Ele tem muita idade, é surdo e talvez não vá entendê-lo. Ou vai ser complicado para o senhor explicar o "esquema".

— Bem, é o seguinte — tentou ser rápido a "autoridade" com pressa de aumentar o faturamento — pelo que sei o passageiro está trazendo cinco aparelhos contra-surdez e só vai usar um. Fala para o cidadão, que quatro ficam aqui de acordo com a lei. — E olhando para o velhinho que parecia ser seu pai, mudou de idéia. — Pensando bem, hoje estou camarada. Vamos inverter. Diz para o "vovô" que leve quatro e deixe um aparelho para mim, o mais baratinho...

Realmente estava "bonzinho". Costumava ficar com computador...

Tinha vez de apanharem toda a mercadoria e em troca davam uma guia fajuta. Um papel xerocopiado com testemunha falsa e nome ilegível.

Em todas as barreiras a propina para os fiscais era arrecadada dos passageiros na hora e depositada no... banheiro do ônibus.

Ninguém usava a **toillete** naquele momento. Não demorava para um funcionário da barreira (geralmente o mais humilde, o faxineiro), entrar no ônibus e ir direto para o banheiro, "fazer a vistoria" e levar o dinheiro para a chefia na estrada que não aparecia para que nunca lhe fosse dado um flagrante. Assim os homens não perdiam o emprego extremamente rentável; uma mina de ouro. "Trabalhavam" tanto que evitavam entrar em férias. Em pouco tempo enriqueciam, montavam lojas de elétro-domésticos, compravam mansões com piscinas, fazendas...

O "Tenente Xaréu" revoltado, teve que engulir calado. Finalmente chegou na sede da organização do "Quartel da Fortuna", e falando sozinho: – "Velhacos! Ninguém pode ser mais bandido do que eu, não pode, óxente!...

Trocou a roupa de "fazendeiro" pelo uniforme de campanha não esquecendo de colocar a boina preta com a estrela verde, símbolo de comandante. Picou uma rodela de fumo, para substituir o charuto que de tão nervoso não sabia onde colocara. Foi cachimbando que desabafou:

– Vamos continuar como estamos, usando as mesmas rotas do Pantanal e "nossos fiscais" – Disse o baiano para os companheiros que o respeitavam. – No caminho de Foz à São Paulo, os "homens" estão tirando lanche da boca de criancinhas! Os canalhas pisam no pescoço da própria mãe, por dinheiro! Óxente, eu vi! Fiscais tiram até aparelho de surdez do ouvido de velhinhos!...

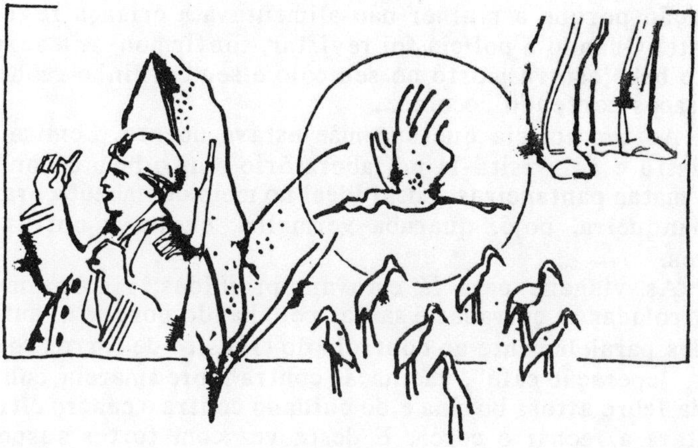

O VÍCIO

Lemira não via sua mãe há tempos. Desde que ela resolveu abandonar o apartamento anexo a casa-grande da fazenda. Deixou marido e filha para morar de vez com o boliviano.

A filha estava apreensiva. Soube do caso de uma mulher que vivia da prostituição e que para transportar tóxico havia sofrido muito. Essa mulher começou a cheirar cocaína fornecida pelo companheiro e dispôs-se a transportar dentro do corpo cerca de 130 gramas da droga para o Canadá, onde seria aguardada pelo receptador.

A operação que renderia para a mulher 1 000 dólares canadenses, foi penosa. No dia de seu embarque dois homens a fizeram engolir mais de vinte saquinhos contendo a droga. Ela engolia quatro e vomitava dois. A ingestão dos saquinhos era intercalada com tranquilizantes. No final como a mulher não conseguisse engolir tudo, os dois homens introduziram-lhe um saquinho no ânus e outro na vagina.

A operação toda durou 6 horas e quando a mulher estava prestes a embarcar no aeroporto, começou a passar mal, entrou em pânico e tudo foi descoberto.

E ali mesmo perto não fôra descoberto também uma

mulher que viajava por estrada de ferro da Bolívia para o Brasil, trazendo um bebê completamente imóvel? Despertou atenção porque a mulher não alimentava a criança regularmente. Quando a polícia foi revistar, confirmou-se a suspeita: o bebê estava morto no seu colo e seu corpinho recheado de sacos contendo cocaína...

Ao ter notícia que sua mãe estava doente, Lemira não resistiu e foi visitá-la no laboratório muito bem escondido nas matas pantaneiras. Local ideal no meio de imbaúba branca, tamanqueira, pojó, quaruba-vermelha, envira e outras árvores.

As viagens para lá estavam proibidas; rigorosamente controladas as entradas e saidas pelo bando porque as autoridades paralelamente ao controle do trânsito de carros roubados, "operação café", vacinação contra febre amarela, controle da febre aftosa bovina e do cuidado contra o cancro cítrico, voltara a fechar o cerco. E desta vez com fortes suspeitas de que tinham ido buscar o delegado Romeu Tuma, superintendente da Polícia Federal em São Paulo para encabeçar a caçada à quadrilha. Os homens da fazenda viram alguns helicópteros sobrevoando a região como que preparando uma invasão.

A área era complexa. A polícia precisava ter atuação repressiva para apreender carros furtados mas não possuia contingente humano adequado e ainda por cima tinha de cumprir uma antiga circular que impedia os patrulheiros de promover paradas sistemáticas de veículos para fins de fiscalização. Guardas as vezes, só atuavam para atender a acidentes e prestar apoio aos agentes sanitários, onde a preocupação maior, a arrecadação do ICM. Controlavam o transporte de madeira bruta e a movimentação mais de pescadores e caçadores amadores. A noite os comboios de caminhões que transportavam gado passavam tranqüilos sem serem molestados. A Polícia Rodoviária não podia controlar as diversas estradas secundárias usadas como desvio de ligação na vasta região.

Mas agora na fiscalização superficial com raros automóveis obrigados a parar para a apresentação de documentos, falava-se muito em maconha e cocaína, dai o cuidado do bando...

A visita de Lemira só foi permitida por tratar-se da

da filha do chefão e assim mesmo a pedido do próprio Esiário Diangio que não via a esposa há bastante tempo, apesar de brigados, queria saber se era grave seu estado de saúde, como ouvira falar. Todos estavam confinados no local em regime de semi-escravidão. Ninguém entrava nem saia se o motivo não fosse muito especial.

Fora parecia um jardim movente. Entre bosques de piúva e jacintos balançando à beira da água, borboletas executavam bailado como flores voando; jóias aladas azues, brancas, amarelas, vermelhas, em contínua movimentação de asas...

A filha ao entrar no laboratório levou um choque, quase não reconheceu a mãe, junto de um bando de esfarrapados mendigos, todos descalços, pés esverdeados, inclusive Eva. Seu estado, deplorável. Em tempo relativamente curto de uso contínuo do tóxico, sem controle, a vontade e sem custar dinheiro algum, havia transformado a bela mulher de menos de quarenta anos numa macróbia, espectro de gente.

Onde estavam o entusiasmo, a confiança e a energia que a droga proporcionava?

O que se via, monstruoso. Parecia que todo o silicone aplicado nos lábios tentava sair da pele fraca, o mesmo acontecendo nos seios deformados, mal abrigados pelos trapos da outrora fêmea desejada. A infeliz trazia no rosto e no corpo as marcas dos males causados pelo vício do pó maldito. Iam da insônia, perda de peso, a ser vulnerável a infecções. O uso, e ainda mais desregrado do tóxico, causava em Eva, convulsões cerebrais, acelerava seu coração, contraia os vasos e aumentava a pressão sangüínea, o que poderia levá-la em pouco tempo mais, a morte por motivos cardiovasculares.

Diversas, as maneiras de usar a cocaína naquele antro. Da aspiração, massageá-la na gengiva, injetá-la simplesmente, ou nas veias para obter resultado mais rápido e forte, ou mesmo tragar o tóxico em meio a fumo do cigarro comum e misturada a álcool, com vodka e uisque. Havia até quem pingasse no nariz usando conta-gotas, levando a coca misturada com água destilada. Com uma diferença: ali ninguém precisava esconder nada, nem temer a lei. Não havia a necessidade de chamar a droga de Suzie, Cristina, prise, branco, brilho ou Tia Clara, para disfarçar. Era pó mesmo.

E Eva usava o tóxico de todas as formas, respirava e

comia, tal seu estágio no vício. Dai o estado lastimável em que seu organismo se encontrava...

A cocaína apresenta um efeito euforizante, ainda que de curta duração, motivo pelo qual é empregada em intervalos muito curtos pelos viciados. O seu emprego crônico leva a uma deterioração do sistema central e uma alteração profunda da chamada energia ou rede vital.

Quem procura a luz brilhante no final do tunel escuro, como solução fácil para seus problemas, recebe-a sempre na forma de um trem em sentido contrário. Como recebera Eva em tempo relativamente curto...

A cobiçada esposa do fazendeiro Esiário Diangio parecia um fantasma ambulante de olhos parados. Falando sozinha, jogada como traste velho num canto úmido do laboratório, onde amontoavam cal, éter, acetona e ácidos.

Pálida, quase não dormia, demonstrava ligeiro mas insistente tremor nas mãos. A utilização da cocaína gera efeitos doentios duradouros. Atinge a capacidade pulmonar, causa dores no peito, abcessos no nariz e na pele. O fígado sobrecarrega-se para metabolizar a droga e deixa de produzir enzimas vitais.

Nem as condições do laboratório haviam melhorado conforme as promessas do encarregado. Percebia-se por todos os lugares que até pioraram na tarefa de refinar a coca. Caboclos participavam do mais rudimentar processo, cavavam buracos no chão, impermeabilizavam-nos com plásticos e neles dissolviam as folhas de coca com querozene e ácido sulfúrico. Quando não pisavam, formando a pasta de coca que reduzia o peso das folhas em 50 vezes, facilitando o transporte clandestino.

Nem mais ao apartamento montado ia a pobre mulher, agora com dentes amarelados e algumas falhas, não parecendo nada com o branco sorriso que antes possuia. Dormia ali mesmo, atrás de tambores de querozene no meio das folhas de coca junto de outros infelizes como ela, na maior promiscuidade. Seres que procuravam respostas para suas ansiedades no mundo exterior e de maneira fácil ao invés de procurálas dentro de si mesmos...

Despenteada, cabelos brancos mais do que pretos e até encardidos e amarelados pela sujeira. O rosto mascilento e machucado. Havia hematomas em seus lábios e na testa provenientes possivelmente de tombos na penumbra da pocilga em que habitava e talvez pancada dadas pelo violento toxicômano com que vivia.

A outrora linda mulher tão desejada, a "Maja Desnuda", não passava de um farrapo humano de pele encarquilhada e esverdeada, no último degrau da vida. Usava a cocaína de todo jeito possível e imaginável: injetado, aspirado, fumado, mascado e até bebido com cachaça. Suas bochechas estavam deformadas pelo hábito adquirido do amásio, de mastigar as folhas de coca. Suas narinas infeccionadas, comidas por dentro, pelo uso constante de aspirar a droga na forma de pó no estilo "piccicato" (juntando as pontas dos dedos) e em seus esqueléticos braços quase não havia espaço disponível para a picada que já era feita injetando o pó dissolvido na água barrenta da sargeta...

O boliviano parecia ter cumprido finalmente a ordem do "Tenente Xaréu": destruir a mulher a todo custo...

Eva como autômato, não chorou ao abraçar a filha. Recebeu-a friamente, parecendo não a reconhecer. A droga empurrava o cansaço para frente com risco de uma parada cardíaca a qualquer hora. A mulher quase não comia. Entrava no estado animalesco, não mais se alimentando convenientemente preferindo a droga, e alheia a tudo em seu redor.

Experiências realizadas por cientistas, com macacos, aos quais foi dado o direito de escolha entre cocaína e alimentação em período superior a oito dias, verificou-se que a escolha recaiu sobre a cocaína, provocando emagrecimento, inanição e subseqüentemente a morte. As experiências demonstraram com clareza a facilidade com que se adquire dependência da droga, mesmo em se tratando de animais inferiores...

Lemira preparava-se, ante a surpresa, para levar a mãe de uma vez daquele horrível lugar, quando o viciado boliviano avisado da visita, chegou com o coração disparando. Boca amarga nariz e garganta anestesiados. A pupila dilatada e feroz taquicardia.

Com medo de que a filha do chefão contasse o estado em que encontrou a pobre mulher, "Cuchara Deloro" tentou contornar a situação. Convidou a moça para conversar.

Uma garrafa de **caña** foi aberta e dois copos receberam o líquido pela metade. O boliviano virou o dele de uma só vez para ter coragem de explicar. Lemira acompanhou-o na bebida tamanho o seu desespero por ver a mãe em estado tão precário e porque de tanto andar com o "Tenente Xaréu" e tomar muita pinga, já dispensava o limão e o açúcar, bebida a cachaça pura.

"Cuchara Deloro" padecia de ansiedade e tensão devido ao vício. Falava coisas sem nexo como a querer ganhar tempo para achar uma justificativa convincente. Bebia e oferecia à moça que não rejeitava, sempre aflita com a mãe que mantinha o ar de abobada, olhar parado, indiferente a tudo que se passava ao seu redor.

Beberam acima da metade da garrafa de **caña** paraguaia e Lemira passou a aumentar a voz, não se conformando como o homem poude deixar a mãe dela naquele ponto sem assistência médica. A metalhadora russa Kalashnikov na parede e ao alcance do boliviano não a assustou.

— O "Dr. Jaburu" tem visitado a **su madre, señorita...**

— Ah, aquele lá. Não resolve nada, só fornece atestado de óbito.

Parecia estar ouvindo a voz do velho bêbado: — Se é cólica, chá de jiló alivia as dores...

Lemira passou rapidamente ao insulto, enquanto Eva ao sentir o nervosismo da filha que se exaltava cada vez mais pelo volume de cachaça consumido e a tristeza de olhar para a mãe que desesperadamente tentava balbuciar alguma coisa mas não era entendida no meio da discussão, devido a fraqueza em que se encontrava. Parecia não saber mais falar, tremia e abria a boca, só. O boliviano entendeu ou fez que entendeu para se safar, ganhar tempo.

— Calma **"Perla pantanera"**, calma, **su madre** pede remédio, **oiga...**

Desta vez não usou o material contaminado que Eva manipulava. Tirou da sua bem cuidada maleta de couro de jacaré, uma seringa descartável, colocou algo dentro e procurou na pele flácida da cadavérica mulher um local onde coubesse a picada da agulha. Era o tóxico que pedia com insistência e que já não podia viver sem ele, em curto período, mesmo sabendo que iam ocorrer delírios, alucinações e espasmos musculares.

— Pico, pico (picada) — pedia fracamente. — No cano, no cordão (na veia)...

O homem satisfez o desejo da infeliz conseguindo depois

de várias tentativas, finalmente aplicar o líquido. Eva mudou. Ficou mais calma, parou de falar sozinha. Teve um momento de lucidez e chorou com a presença da filha. Só agora a tinha reconhecido. Com a droga eram comuns os casos de amnésia profunda. Perguntou pelo marido, por Cangas e demais empregados da fazenda, até pelo Paiaguás, o alasão preferido do fazendeiro Esiário Diangio.

Fraca, perdera peso em excesso. Com dificuldade virou-se para o boliviano e perguntou se o companheiro também queria ser picado. O **cocalero** nervoso que estava pelo **entrevero** achou que uma dose o deixaria calmo. Respondeu que sim, cuspiu a massa de folha mascada que trazia na bochecha e ele mesmo preparou a dose para que a mulher aplicasse.

Eva ao levantar-se, propositadamente derrubou a garrafa contendo a cachaça. Em seguida mandou o general "Cuchara Deloro" ir até a sala próxima para apanhar outra. Na ausência do boliviano, pediu à sua filha que fôsse embora imediatamente porque aquele maníaco ia aplicar também nela a cocaína que a mataria lentamente. Conhecia os truques do traficante e a partir da primeira dose seria outra escrava do tóxico e do degenerado homem para o resto da vida. Cessou de falar quando o boliviano chegou com nova garrafa e todo sorridente para Lemira. O homem preso à droga vivia situação de horror. A imagem da mulher fazia renascer o apetite sexual mas de antemão sabia ser impossível a concretização do ato de amor.

— **Acá no tiene oro, piedras, ni tampoco zirconio, cromo ou tantalo. Mas tiene algo mejor. Mucho, infinitamente mejor...**

E foi abrindo a garrafa, sempre falando:

— **Muñeca bamos a mas um golito. E luego tu vas a experimentar algo tan grandioso que no coneces. Te elevará as alturas, dará luces, brillos e sensacion nunca sentido por ti, mia querida "Perla pantanera"...**

Tentava apenas, porque o uso constante da droga causava impotência e dificuldade de ejaculação no mastigador de folhas de coca. Em Eva causava frigidez e no boliviano o tóxico já vinha provocando até a instalação do mal de Parkinson, doença nervosa caracterizada por tremores rítmicos e rigidez facial.

Enquanto "Cuchara Deloro" se entretinha com a beleza de Lemira, estendeu automaticamente o braço para Eva no afã de ficar logo ligado (drogado). Esta as escondidas tinha preparado cavalar dose da droga. Aplicou a "overdose" no boliviano que estrebuchou no ato. Olhou para as duas, tentou dizer algo mas sua língua enrolou tapando a garganta; caiu fulminado sobre o frio chão do barracão, onde não se apiedava de fazer dormir seus subordinados.

Morto na hora, em seguida foi Eva com vergonha da filha vê-la naquele estado, quem se preparou para fechar os olhos de vez. Aplicou em si, na frente da filha, uma violenta dose. A mulher ainda tentou arrancar a agulha do braço da mãe, mas não teve tempo. Eva deu um suspiro longo e faleceu.

Lemira cobriu a mãe com velho lençol encardido e rasgado que encontrou no meio das folhas de coca onde Eva dormia junto de ratos e baratas...

Quem mais sentiria a morte de Eva, por certo, seria Cangas. Estava morta a sua querida Moana, paixão secreta do bugre, por anos. Eva foi de todos menos do índio que a queria tanto.

Em contra partida havia ainda a possibilidade de Luna (Lemira) ser sua um dia...

Ao entrar no jipe para ir embora, Lemira lembrou-se e voltou para arrancar a jóia que o militar boliviano trazia dependurada na parte de cima da surrada farda que nem mais cor definida tinha; colocou-a na bolsa.

Deu uma cusparada na cara do morto murmurando raivosamente entre os dentes:

— Maldito balofo, gringo piolhento...

Ainda liberou o boi com argola no focinho que amarrado num velho tronco de angico repleto de floridas trepadeiras, esperava inutilmente pela pesada carga.

A colher de ouro maciço com o diamante encrustado no centro, Lemira levou para ser entregue ao pai.

Ela escutou um dia o velho Esiário Diangio dizer, quando a esposa abandonou-o de vez para viver com o general boliviano:

— Queru tê nas mão, a cuié qui aqueli mardjito carrega nus petcho! E pra issu sei qui o catchorro tchifrudo percisa tá embarcado! Essi boliviano é um tipu qui a dgenti percisa matá, de meia em meia hora...

O CICLO

Lentamente, como vieram, as águas começaram a evaporar-se, representava o ciclo da vazante.

A vazante é outro festival, só que agora há uma vítima marcada: o peixe. Lagoas e corixos que se formaram começam a secar e de repente a água fica pouca para os peixes que ali se concentram.

Sem caminhos de água que os levem de volta ao rio, e sem o suprimento de comida que a enchente lhes trazia os peixes lutam entre si pela sobrevivência. E será inútil pois a medida que as poças vão secando milhares de pássaros aquáticos se aproximam para o grande banquete. Uns comendo os outros, e os pássaros comendo todos. Chega o momento em que entre os peixes só restam as piranhas. Mas nem elas estão a salvo: há os jacarés. Estes comem as piranhas e quando a fome aperta, devoram os próprios filhotes...

A morte do boliviano "Cuchara Deloro" e a de Eva não comoveram os frios "Tenente Xaréu" e o tuberculoso "Napoleão da Selva". Para eles o único inconveniente é que aumentariam suas responsabilidades. E não podiam contar com Esiário Diangio.

O baiano não perdoava o fazendeiro que o havia humilhado no primeiro encontro no Pantanal, quando na frente de todos xingou-o de "general Pinochet de subúrbio". Não ia esquecer nunca a ofensa.

— Aquele "tchifrudo" (gosando a pronuncia do matogrossense) cafetão de vaca, não presta mais pra nada! Óxente! Não monta nem em cavalo de mulher (cavalo manso!) Tenho levado a peça pra lá e pra cá; um morto vivo!...

Verdade. O velho e pálido, de corpo inchado, já havia perdido o vermelhão, não era mais "Camaleão". Nem sombra do valente "boi-baguá" que fôra. Esquecera até do cavalo preferido, o Paiaguás. Um zumbi, Esiário Diangio, a arrastar pelancas e chinelos; vestido de pijama ia da sala onde comia, ao quarto e banheiro.

— A "Demoiselle" filha dele é um "avião" (prosseguia o baiano com ares de ilustrado. Gostava de exibir seu conhecimento lingüístico, fazendo jogo de palavras com o nome que Santos Dumont dera ao invento, seu primeiro aeroplano, provando ser possível a navegação aérea, voando sobre Paris. Demoiselle é também designação popular dos franceses ao inseto libélula) e interessante, porém...

E bêbado, o falso tenente revelava mais uma vez o seu mau carater:

— Não passa de uma "Maria Batalhão"! Só estou com ela até me apossar definitivamente de tudo... Só quiz experimentar as duas, a "Maja" e a"Pérola", para ver se havia diferença!...

Novos goles de cana:

— Não é nem libélula é uma vespa, com veneno e comportamento hereditário da mãe. A vespa-mãe pega uma aranha. Paralisa essa aranha. Não a mata, mas põe ovos sobre a aranha. Os ovos se desenvolvem dentro e saem as larvas. As larvas comem a aranha viva. A mãe-vespa morre. Não conhece os filhos. As larvinhas saem. Tornam-se vespas. E as vespas vão agir exatamente como a mãe-vespa. Vão apanhar uma aranha etc!...

Da meia dúzia de homens de chefia, forasteiros, decididos a devastar o Pantanal quando iniciaram o projeto "Quartel da Fortuna", estavam reduzidos a apenas três que na verdade não passavam de um e revoltado. O "Napoleão da Selva", outrora arrogante militar estava cada vez mais minado pela doença que de um pulmão passara para o outro, e o inoperante chefão Esiário Diangio não ultrapassava o pátio da fazenda.

Como controlar tudo ainda mais agora pensando também no gado? A derrubada das matas para tirar madeira, averiguar o aprisionamento de peixes, aves e animais para exportação, olhar se na exploração de minérios não havia desvio de ouro. Além de controlar o tráfico de tóxicos da organização, que após a morte do chefe boliviano os **cocaleros** estavam debandando?

Vítima do próprio mal que semeara, tinha morrido o homem que levaria ao Pantanal a maior plantação de ipadu do país. Uma das 250 variedades existentes de coca, cultivada especialmente pelos índios do grupo lingüístico tucano e macu, da Amazônia, de onde o boliviano "Cuchara Deloro" trouxera mudas. E das tribos uanapixuna, fixados na fronteira com a Colombia, que trocavam os produtos por motoserras. Tentando fazer da região pantaneira o mais completo produtor e corredor de exportação de narcóticos.

Inúmeros, os caboclos que aproveitando a morte do "mastigador de coca" estavam fugindo mesmo com as pernas esverdeadas, da escravidão a que ficaram reduzidos no laboratório de substâncias entorpecentes, onde extraíam a massa de cocaína.

Plantações da coca e do ipadu também estavam sendo abandonadas. Como impedir a saída dos **pata verdes** em grande quantidade, que vagando pelas estradas poderiam chamar a atenção das autoridades?

Para piorar a situação da falta de pessoal para dirigir e controlar a organização do crime contra o Pantanal e contra a humanidade, não estava a Polícia Federal (já positivado que o dr. Romeu Tuma estava à frente) aumentando o cerco? Vigiavam rios, estradas e controlavam até rotas aéreas. Mas ainda representava trabalho difícil por se tratar de área enorme. Como na Amazônia, onde em certos trechos, apenas 100 guardas florestais eram destacados para cuidar de matas onde 20 mil ainda seriam poucos. E o pior problema, a corrupção...

O eterno mal do Brasil. As fronteiras enormes e a corrupção maior do que as fronteiras...

O paraguaio estava debilitado demais e com muito medo de ser eliminado pelo chefão Esiário Diangio, não largava do "Tenente Xaréu". Passou a ser a sombra do baiano. Como o falso tenente usava as espressões em latim para impressionar, diante do que estava reduzido o castelhano o "Tenente Xaréu" tinha praticamente abolido seu uso. Convivia com um homem, que não compensava mais falar pomposo e bonito...

Estavam os dois orientando mais um crime: gigantesca queimada (especialidade do falso tenente com **know-how** desenvolvido na Amazônia) com o paraguaio tossindo como nunca, preparando o terreno para a colocação do gado que a quadrilha havia comprado com o intúito de "limpar" como chamavam no submundo do crime, o dinheiro obtido com a cocaína...

A jararaca-papo amarelo pressentindo a tragédia que viria, largou o preá que já estava em sua boca, quando o "Tenente Xaréu" lascou a piúva-preta e pôs fogo...

— Óxente, o fogo é bom para acabar com as pragas! — Gritava o barbudo baiano tirando por um instante o charuto da boca, querendo se referir ao algodão-bravo, a malva, a canjiqueira, o assa-peixe, e outras ervas que nasciam substituindo o capim.

Mas a mata era de **stevia rebaudiana**, planta valorosa que produzia um adoçante natural 300 vezes mais poderoso que o açúcar comum. Substituia o açúcar, sem caloria, e não apresentava nenhum risco para a saúde. O steviosídeo queimado por graças e obra da ignorância, não importando ser o adoçante ideal. Como não importava também se junto ia a mata de erva de Santa Maria, excelente protetor contra pulgas e que servia para estancar sangue dos ferimentos e muito menos se área de fedegoso, uma boa defesa contra vermes...

Qualquer idiota, capaz de fazer aquilo. Destruir matas, árvores, uma vez que elas não podiam se defender ou fugir...

Punham fogo justamente onde não devia nunca ser feito: barranca do rio. A mata ali protegia a faúna e era meio de impedir a erosão. A cada queimada como aquela, morriam de 5 a 20 mil animais vertebrados por quilômetro quadrado!

Mas o que fazer, se naquela região de matas centenárias boi valia mais do que gente?

A destruição continuaria, nada mais restando no ano 2 000...

Acima das espécies vegetais primitivas onde acenderam o fogo, o céu ficou escuro de fumaça, com nuvens de pássaros. As aves aquáticas, em maior quantidade, patos, jaburus, flamingos, socós, biguás, garças. Escuridão que os pilotos tinham pavor de atravessar. Não mantinham a cobertura de um quilômetro à margem dos rios exigidos por lei e muito menos tinha gente ali para controlar os loucos incendiários e o fogaréu provocado.

O resultado, também o dessecamento dos rios menores. Os corixos viravam valas secas...

Os primeiros bichos passaram apavorados. Uma vara de catetos, de uns 50 indivíduos que correndo e batendo os dentes, derrubaram o fraco paraguaio só com o vento. Estraçalhariam o homem num instante se não fosse a pressa que os animais tinham de escapar do fogo. "Napoleão da Selva" ainda teve força para sacar o Smity & Wesson e dar dois tiros...

Atravessaram correndo veados, porco-espinhos, tatus. Como no Pantanal se montava em tudo, o baiano rezava para que passasse um boi arreado para si e uma ema para o paraguaio. Até a onça correu ao longe. Os animais menores morriam ali mesmo. Aqueles que escapavam das áreas devastadas se tornariam alvos fáceis para os caçadores mais para frente.

Perderam as bitolas — os caminhos da zona pantaneira. O paraguaio amarelo-esverdeado, cercado pela fumaça já não acompanhava os passos rápidos do "Tenente Xaréu". "Napoleão da Selva" tossia desesperadamente e pedia ajuda para o companheiro que parou para ampará-lo. O homem tinha dificuldade para respirar. Tossia sem parar engasgado com a fumaça que aumentava. Vítima de hemoptise, uma golfada de sangue jorrou de sua boca na agitação quando tentou gritar alguma coisa. Foi socorrido pelo amigo, que o encostou num tronco.

O servo-do-mangue num salto espetacular passou voando sobre os dois, quase acertando o castelhano que ainda teve tempo para se abaixar. Mais um pouco e o casco do animal degolava o homem.

Quando repararam, o fogo fôra muito mais rápido, já os havia alcançado e cercado, pela parada que deram. Rapidamente o "Tenente Xaréu" pôs o paraguaio nas costas e rumou para o único lado em que não havia fogo: a beira do rio.

Assim mesmo teve que atravessar parte onde o fogo já tinha feito estrago. Passou depressa com o companheiro nas costas por cima de cobras, coelhos e lagartos assados.

Na louca corrida o revólver do paraguaio caiu no meio da mata de palmeira carandá, por onde atravessavam homens, animais e o fogo. O carandazal formava enorme área de vegetação típica do Pantanal. E muito valiosa pois dela extraíam uma espécie de carnaúba sem muita cera, para ser industrializada.

Atingiram também um baguarizal, mata de grandes árvores onde os baguaris se juntam e tem seus ninhos. Só os filhotes não puderam abandoná-la. Os dois homens finalmente conseguiram atingir a beira do barranco onde passaram a disputar espaço com formigas, aranhas, escorpiões e lacraias que já estavam ali. Sem contar as bolas de carrapatos de todos os tipos. A água estava pastosa devido ao calor e ao movimento de patas procurando escapar do inferno das chamas.

Disputando um lugar junto dos mais imundos insetos o baiano foi quase que se arrastando e puxando o companheiro sempre tossindo e pondo sangue pela boca. Adentraram o pântano com água pelo peito onde a disputa passou a ser com cobras e lagartos, invadindo até onde era mais fundo já que o calor tornara-se insuportável na terra. Com muito esforço o "Tenente Xaréu" colocou o paraguaio que estava com legião de sangue-sugas grudadas no corpo, sobre um tronco e subiu também. O espaço não muito mas o suficiente para que os dois ficassem ali até que o fogo apagasse. No meio da água pelo menos as labaredas não os atingiriam.

Nessa altura tinham perdido o revólver e boinas; como arma restava apenas a "peixeira" do baiano, bem firme na cinta.

A tarde estava caindo e com ela chegando outro pavor, pois os homens sabiam que não demorariam para vir os habitantes do pântano, bastava escurecer!

Com o sufocante calor vindo das matas calcinadas, composta de preciosos exemplares que iam da seringueira ao pau-brasil, os dois ficaram boiando no tronco como numa enorme lagoa pantanosa, não podendo atingir o volume de água. Estavam prisioneiros, sem alcançar o rio para fugir e nem voltar para o barranco...

O "Napoleão da Selva" meio desfalecido gemia, nem força tinha mais para tossir enquanto o baiano o segurava da melhor maneira possível tentando equilibrá-lo e a si próprio.

O fogaréu clareava a noite que caia rapidamente e os milhares de fachos de luzes minúsculas como pequenos faroletes vermelhos vinha se aproximando, denunciando os olhos dos jacarés. E arrependeu-se de ter presenteado sua Lugger para segurança de Lemira...

O barulho do fogo devorando o que restava das matas centenárias foi abafado pelo esturro da onça, som mais assustador e apavorante que se pode ouvir! O animal devia estar preso sem possibilidade de escapar da fogueira que cada vez mais se avolumava atingindo quilômetros. Foi quando o "Tenente Xaréu" ao passar a mão na cinta do amigo, deu pelo desaparecimento do Smity & Wesson.

A noite só não era mais escura devido aos focos de fogo que insistiam em devorar tudo ao seu redor. O paraguaio totalmente inconsciente deu uma virada de corpo e sua mão direita desceu até a água. Justamente a insensível, a direita amassada. Foi o suficiente para um dos guardiões do pântano, jacaré papo-amarelo abocanhá-la! O "Napoleão da Selva" não gritou, mas o movimento na água atraiu a atenção do "Tenente Xaréu" no instante em que o caimam pantaneiro puxou a mão e com ela ia indo o corpo fraco. Rapidamente o baiano tentou segurar o homem pelo peito, mas pegou só o tecido podre do que restava da farda. Com o solavanco o corpo do paraguaio foi para a água ficando somente uma parte do tecido nas mãos do "Tenente Xaréu". Justamente onde ficavam as condecorações que o militar trazia na esfarrapada túnica, como tétrica lembrança.

Ao notar que estava cercado num viveiro de todos os tipos, como tinga, papo-amarelo, jacaré-de-óculos, o baiano soltou uma maldição e o corpo do "Napoleão da Selva" desapareceu nas águas barrentas do pântano...

Colocou o que restara da roupa do amigo sobre o tronco e arrancando a "peixeira" que nunca largava, espetou-a com força, soltando nova praga. Jurou que vingaria a morte do companheiro de jornada. E lamentou:

— É a vingança das matas pelo número de jacarés que matamos. Só pode...

A essa altura os pequenos faroletes na flor da água desapareceram, afundando. Eram inúmeros tingas e papo-amarelos tratando de arrastar a vítima para o fundo. Necrófilos (o jacaré é o oposto do sapo que só come insetos vivos) procuravam enterrar no lôdo o corpo do paraguaio até apodrecer a carne que depois sim iriam devorar...

Nem bem o "Tenente Xaréu" se recuperou do susto, um vulto enorme de monstruosa bocarra repleta de dentes ponteagudos saiu como um bólido de dentro da água varrendo tudo, apanhando por inteiro a cabeça do homem restante. Com o impulso do salto, rápido como um ráio o pesado animal girou no ar e levou para dentro da água de uma vez os mais de 80 quilos do "Tenente Xaréu", que nem chegou a ver o que seria o maior jacaré da sua vida!

Enorme açu de uns 6 metros que imediatamente fez com o corpo do brasileiro o mesmo que o tinga fizera com o do paraguaio.

Os jacarés agiram conforme as leis da natureza e cumprindo suas tarefas. Limpando o pântano; eliminando os animais doentes e os intrusos...

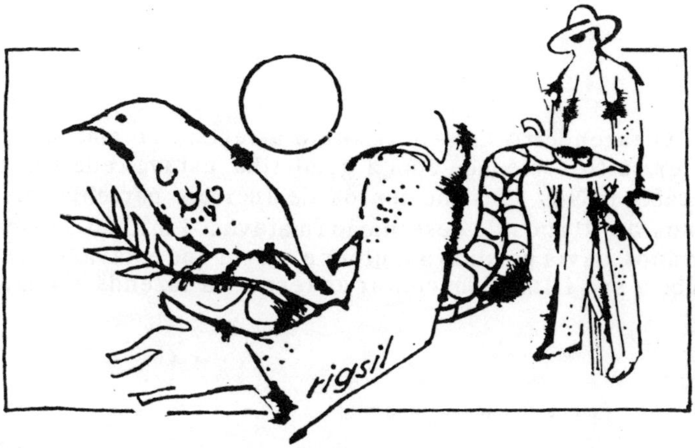

O MÉTODO

Esiário Diangio ficou em companhia do guarda-costa, o fiel bugre Cangas que preparava sua dose de guaraná em pó e o tereré para o fazendeiro. Aquele sim era homem de confiança. Guardava não só o patrão contra as investidas dos inimigos como também seus segredos. Somente os dois sabiam dos misteriosos desaparecimentos nas matas pantaneiras.

O velho delirando achou que tinham de mudar seus planos diabólicos de assassinatos porque o baiano esperto realmente sabia das coisas, das matas e seus mistérios. Esiário Diangio desconfiava que o barbudo "Tenente Xaréu" ao chutar constantemente o engradado onde continha camaleões podia estar suspeitando de algo. Mas todos que passavam perto acabavam fazendo o mesmo gesto de agressão contra os bichos ali aprisionados; o engradado estava sempre no caminho! Mesmo assim, inteligente, não demoraria para descobrir e revelar a todos, a maneira dos dois eliminarem os europeus usando a "Eunete", apelido da enorme sucuriju que o fazendeiro trazia prisioneira no sótão da casa-grande, onde nas horas vagas a cobra comia morcegos...

O fazendeiro Esiário Diangio arrependido amargamente de ter feito sociedade com a quadrilha, estava cada vez pior da cabeça. Nos seus momentos de lucidez, percebia que em menos de 10 anos de destruição (matavam 1 milhão de jacarés por ano), havia perdido a mulher e sentia que estavam levando também sua filha. Sem contar as terras da fazenda e o gado...

Para ele seu método, usando a "Eunete", grande cobra, tinha que ser mudado. Algo deveria substituir aquilo que até ali, representava o que havia de melhor na eliminação às escondidas, de um por um dos membros do "Quartel da Fortuna"...

Porém, era tarde demais...

— Todus eli morreru, num tem mais inimigo, patrão. Vai adormi assussegadu, homi...

O velho Esiário Diangio cada vez mais louco não parava de falar com o empregado. Ao citar os métodos usados na eliminação procurava melhorá-los, para que nunca cometessem erro nenhum.

Começou rememorando com o noivo da filha, o ex-padre Perseu, porque na fala do fazendeiro os três primeiros foram boi-baguás "mitchurúcas", os sem-eira-nem-beira "Pó-de-purga", "Malavéia" e o "Ratopardo"...

Logo que o espanhol chegou já no escurecer, trazendo Lemira para a fazenda. Tinham vindo da aldeia de pescadores onde o ex-sacerdote fizera pela primeira vez no Pantanal a demonstração do "Santo Dáime".

Jantaram todos reunidos, sempre sob a vista do fidelíssimo Cangas. Em seguida o fazendeiro dispensou o empregado e como fazia após a refeição, recolheu-se ao quarto. Eva também, despediu-se e foi para o apartamento anexo a casa-grande deixando o casal a sós para as despedidas que foi selada com apenas um beijo curto entre Lemira e Perseu. Estavam cansados, além do dia agitado na base do tóxico, tinham mantido relações sexuais por duas vezes durante aquele dia.

O espanhol dirigiu-se para o jipe estacionado próximo a casa-grande, enquanto corujas piavam aloucadas.

Ao pegar na maçaneta da porta do carro, um vulto surgiu entre as árvores. Era Cangas que o avisou friamente.

— O patrão qué falá...

— Caminharam os dois de volta a casa-grande que estava em silêncio. Apenas a sala iluminada onde o fazendeiro de pijama e chinelos aguardava o ex-padre.

— Adjenti vamu tomá djunto a úrtima **caña** da noite. Perciso sabê di suas intenção com mia fia e também marcá logo a data do casamentu. Este assuntu, sinhô Perseu, num dévi nunca sê tratado na frente da noiva...

Perseu não teve tempo de dizer **si** ou **no**. Ao beber de uma só vez a forte cachaça (em que o fazendeiro colocara um tipo de cogumelo venenoso do Pantanal, amassado) fez cara feia e sua visão turvou na hora. Passado alguns segundos voltou a enxergar bem, mas de maneira estranha. (Não conhecia os sintomas daquele tipo de **psilocibe** paralisante). Ver, ele agora via com nitidez, mas seus membros já não obedeciam ao comando do cérebro. Tudo formado em tons verdes ao seu redor. Perdera a força, quase não podia fazer o mais simples movimento. Apenas levantava as pálpebras exigindo enorme esforço. Suas pernas e braços ficaram dormentes e paralisados.

O bugre assobiou para chamar a surpresa.

Ouviu, mas como se a voz estivesse muito distante daquele mundo verde onde as imagens apareciam deformadas:

— Cangas, o catchorro tchifrudo conheceu otro tipo daquilo que deu pra mia fia!...

Com o corpo imóvel, apenas os olhos abertos, ficou fácil para o fazendeiro e o ajudante carregarem o espanhol para o sótão da casa-grande. Amordaçaram e amarraram o ex-padre que ali na penumbra ficou em silêncio. O cérebro funcionava, enxergava nos mais espetaculares tons verdes, mas não podia se movimentar, quanto mais gritar quando a "Eunete", enorme cobra, surgiu! Na verdade grossa anaconda de quase 10 metros de comprimento!

O homem arregalou os olhos de terror num esforço supremo, quando o monstro se arrastou em sua direção com a língua tateando. Sua cabeça, como a de um cachorro grande. Sentiu a língua comprida e viscosa passar pelo seu rosto molhado de suor.

Cientificamente denominada **Eunectes murinus**, a sucuriju habita nos pântanos e margens dos grandes rios, onde com facilidade ataca suas vítimas. Alimenta-se de mamíferos de grande porte como pacas, veados, capivaras e novilhos...

Perseu via tudo verde à sua volta, pelos efeitos do cogumelo, mas o dorso da extraordinária serpente, cinzento escuro contrastando com o branco-alaranjado do ventre. Ela avançava, seus movimentos, lentos, mas mortais. Não possuia veneno, mas mordia como cachorro louco, deixando profundos ferimentos.

A defesa e ataque da cobra gigantesca não estava na boca e sim na poderosa musculatura. Matava por estrangulamento. Através de seus anéis asfixiantes que trituravam com facilidade o esqueleto de qualquer mamífero de médias dimensões.

O sonho do "Camaleão" era colocar ali, um ser humano de pequeno porte achando que a sucuriju lambusando bem com a gosmenta saliva, talvez o engulisse...

O barulho no sótão aumentou com abafados gemidos como de corpos se debatendo na escuridão e ossos estalando. A cobra laçava, esmagava e só não engulia a presa por ser muito grande...

Com o ítalo-palestino Gregório, o Greg, Esiário Diangio e o índio ajudante haviam dispensado o serviço da terrível cobra. Usaram método diferente mas tão horrível ou mais, para eliminá-lo.

Foi na noite em que o ex-jornalista banhava-se tranqüilamente na piscina da fazenda com a intenção de se refazer da maravilhosa noite que passara com a mulher e a filha do fazendeiro. Apenas mais alguns mergulhos nas mornas águas e iria embora. Todos tinham se recolhido e a madrugada surgia. Com ela também dois vultos sorrateiramente dirigiram-se em direção da piscina no maior cuidado possível.

— Hodgi num vai sê de bocão da "Eunetche," vai sê de boquinha. Trouxe um presente da Amazônia pro visitante. Vamu vê si eli vai gostá, Cangas. Atcho que sim... — Murmurou quase entre dentes Esiário Diangio.

Sempre pedindo silêncio para o guarda-costa enquanto Greg nadava despreocupado.

— Eli gosta de boca, Cangas. Vamu dá pro desgraçado catchorro tchifrudo o qui eli qué. Ah, e também de trasero, vamu vê si eli vai gosta... Pimenta no rabo dos otro é refresco...

Ao longe mutuns chamavam uns aos outros e jacutingas estalavam as asas anunciando o amanhecer que viria logo.

O gordo "Camaleão" com muito jeito despejou na borda da piscina um recipiente que continha peixinhos de inocente aspecto. Pequeno peixe conhecido na Amazônia brasileira pela denominação de candiru e que na Amazônia espanhola leva o nome de canero.

O fazendeiro insistia no silêncio ao ajudante, enquanto continuava despejando nas águas mornas, outras vasilhas contendo o pequeno ser que media 3 cm de comprimento por 4 mm de diâmetro. Seu corpo tinha o formato de pequeno lápis, revestido de pele flácida e cor esbranquiçada. A cabeça pequena mas na boca uma fileira de ponteagudos e minúsculos dentes.

O candiru não obstante o seu insignificante porte, é temido pelos demais peixes e por pescadores e banhistas.

Reunidos em cardumes atacam não só os peixes como as caças feridas que procuram refúgio nos rios, penetrando nos orifícios do corpo. É comum penetrar em peixes de grande porte como dourado e surubim para chupar-lhes o sangue.

Hematófago, em busca de sangue ele penetra no buraco da bala, quando na água a capivara é baleada, atingindo o coração. Nos grandes peixes, quando misturados a pacus, barbados, jaus, pintados, ele rompe o orifício anal penetrando até o abdomem das vítimas.

As façanhas desse minúsculo peixe assumem aspectos dramáticos quando ao inveś de seus congêneres, as vítimas escolhidas são animais superiores, em especial o homem. Sedento de sangue, o candiru penetra pelos furos urogenitais dos pescadores e banhistas causando-lhes sérios problemas que só tem solução se retirados através de cirurgia...

Os primeiros sintomas foram logo notados na piscina. Um candiru tentou penetrar nas narinas de Greg e ficou enroscado. Outros imediatamente chegaram aos ouvidos. Os agitados peixinhos tentavam penetrar pela uretra e pelo ânus. O homem desesperado não sabia onde levar as mãos na tentativa vã de se safar do perigo. Ao gritar de dor, insistentes candirus aproveitaram para entrar na sua boca, tapando-a. Greg gemia, debatia-se para não morrer afogado enquanto os pequeninos monstros sanguinários atingiam a mucosa provocando hemorragia. Finalmente no meio de alguns entalados em várias partes do corpo, um deles conseguiu penetrar por baixo e o estrago foi total...

Não era a toa que tais acidentes infundiam na população ribeirinha da Amazônia verdadeiro pavor desse peixe. O medo, tanto que os caboclos exageravam, não urinavam em rios de candiru com medo de que os peixes subissem pelo jato vertido sobre a água!

Greg conhecia a fama dos minúsculos devoradores, tanto que tentou pedir auxílio, gritando pelo nome científico:

— Socorro, é **Vandella Cirrhosa**, é **Vandella!...**

Mas nada adiantou. A rapidez foi muita. Os minúsculos hematófagos, tinham não só a dentição adequada para a provocação do fluxo sangüíneo da vítima, como também o estômago e o intestino adaptados a esse tipo de alimentação. A tragédia foi fulminante. Instantânea...

O fazendeiro já não precisava pedir silêncio ao índio

guaicuru. Resolveu apenas abreviar o sofrimento de Greg que ainda se debatia, despejando na piscina um outro recipiente contendo desta vez as terríveis piranhas!

Em pouco tempo as águas claras e levemente azuladas tingiram-se de vermelho. Os gemidos entre borbulhas foram cessando até cair um silêncio total...

Feita a limpesa na piscina, Cangas guardou para o patrão a pulseira de ouro que Greg usava...

Com o judeu-francês bêbado tudo foi mais fácil para a dupla de assassinos. E tarefa, para a sucuriju novamente. O bugre foi buscar o homem no quartinho improvisado e levou-o para Esiário diangio que já o esperava de pijama e chinelos. Pouco conversaram porque o ex-juiz não podia parar de pé de tremedeira, fraquesa e bebedeira.

— Cangas vamu dá pro homi dosi dobrada de pinhão paraguaio (purgante para cavalo). Pruquê eli gosta de duas de cada veiz!...

A caneca de **caña** oferecida com a dose cavalar nem foi tocada. Sem chapéu de aba larga que o deixava imponente e sem a pequena venda preta (havia caido de sobre a cavidade do olho esquerdo que ficava exposta) o homem não era nem sombra da cópia de Moshe Dayan. Levaram o judeu-francês que delirava com duas lindas mulheres, direto ao ninho da serpente.

Ao transportá-lo, o exagerado pênis de Michelin, que tinha feito a alegria das duas mulheres, saiu fora da braguilha. Esiário Diangio e Cangas olharam assustados para o tamanho da peça.

O bugre-invejoso mais que depressa assobiou para chamar o monstro.

Não demorou muito para ouvir-se uívos e solavancos; tombos, gemidos e "Eunete" a enorme cobra, ir-se enrolando e triturando os ossos do enfraquecido francês que mais alucinado ainda, arregalava o único olho, de dor e pavor. A agonia não demorou muito, tal o estado da presa.

Novamente o silêncio reinou na casa-grande da fazenda. Era a hora em que o bugre saia, para fazer a coleta dos cadáveres, jogar os corpos frios no pântano e colocar os carros nos diferentes locais das terras do patrão Esiário Diangio.

Também momento em que a enorme serpente ganhava

sua refeição. Como prêmio um dos camaleões vivos foi retirado do engradado e jogado para a terrível anaconda.

O fazendeiro tinha ódio dos bichos porque sabia que pelas costas o chamavam de "Camaleão". Mandava caçar os batráquios dizendo ser somente para ele comer, quando na verdade fornecia a maior a parte viva à enorme sucuriju apelidada de "Eunete", com o maior prazer, já que não podia se vingar de quem o apelidava.

O resto, fácil. Um pouco de dinheiro e muita **caña** para o velho médico "Dr. Jaburu" além de curta história para ele contar, resolviam tudo...

No mesmo sótão, dentro de pequena caixa de marfim guardada pelo fazendeiro Esiário Diangio, achavam-se depositadas as "presas de guerra": o relógio barato do "Pódepurga", o isqueiro ordinário do "Malavéia", o dente de ouro do "Ratopardo", primeiras vítimas.

Depois entravam na fase "européia": a corrente de prata com o crucifíxo que Perseu carregava no pescoço não tirando por nada. A pulseira de ouro, de Greg e a pequena chapa metálica de identificação que Michelin portava no tornozelo.

Os olhos do fazendeiro louco faiscavam, ascendiam de satisfação ao olhar a presa mais recente: a colher maciça de ouro encrustada de diamante, do boliviano "Cuchara Deloro"! Mas ainda faltavam para completar sua coleção particular os 20 centímetros de medalhas de honra ao mérito, fitinhas coloridas e penduricalhos que o fraco militar paraguaio "Napoleão da Selva" carregava com dificuldade fazendo-o arcar com o peso, e principalmente a "peixeira" de cabo artisticamente trabalhado em prata e madrepérola, que o baiano "Tenente Xaréu" não tirava da cinta...

O FIM E NOVAMENTE O COMEÇO...

Depois de alguns dias Esiário Diangio que preparava tripas de macaco para fazer corda de viola, recebeu o que restava dos sócios da quadrilha e ficou satisfeito. Levaram ao velho fazendeiro, o pedaço da túnica com as medalhas do militar paraguaio, assim como a "peixeira" do baiano.

Foram encontrados espetados num tronco abandonado no pântano, pelos peões que após as queimadas, cuidavam das plantações das pastagens de capim-mimoso, tio-pedro, pangola e outras ricas gramíneas, onde colocariam o gado que estava para chegar.

O caduco ao ver o material apresado teve um momento de lucidez:

— Agora sim Cangas, aquerditu qui ficamu livre de veiz, de todus catchorro tchifrudo!...

Chamou a filha, também completamente mudada pelo relacionamento com o bando de marginais. Mantinha os traços de mulher bonita mas já trazia o corpo deformado e o rosto inchado pelo excesso de álcool, que quando mocinha detestava. Ainda se parecia com a mãe, tanto que o velho maluco definitivamente a chamava de Eva pensando tratar-se de sua mulher...

Lemira, que perdera mais um "noivo", o "Tenente Xaréu", teria de assumir a direção da sociedade dali para frente ou desistir e abandonar tudo. (Tinha esquecido até que não casava porque sua mãe havia enterrado o Santo Antonio junto com a velha Ambrozina). Era pegar ou largar, já que o pai estava inutilizado, não tinha mais condições de gerar qualquer negócio, nem mesmo aquele que fizera em toda a sua vida: lidar com gado.

Se cada vez que faltava uma pessoa da chefia, desnorteava e sobrecarregava a organização criminosa, o que seria agora sem chefe nenhum?

As cigarras já faziam muito barulho, quando Lemira avisou Cangas de que ia sair e somente voltaria ao anoitecer; teria muito que pensar. O que seria de sua vida dali para frente? — Perguntava para sí própria.

O índio alizava a palha onde ia colocar o fumo picado para fazer o "paiero", nem ligou para o que o patrão resmungava e Lemira dizia.

Num dos poucos momentos em que a cabeça do fazendeiro voltou a funcionar, ele chamou o fiel guarda-costa Cangas, para juntos aproveitarem a ausência de Lemira e completar o trabalho. Iriam ao sótão colocar na bem guardada caixa de marfim os novos e últimos "troféus de batalha": as medalhas de hora ao mérito do militar paraguaio "Napoleão da Selva" e o punhal de cabo bem trabalhado em madrepérola e prata do "Tenente Xaréu"...

Por ordem do patrão o bugre abriu o engradado onde aprisionavam os camaleões e apanhou um deles para alimentar a monstruosa anaconda.

O velho já o esperava na porta da entrada do sótão como sempre de pijama e chinelos, no meio de cangalhas, bruacas, picuás e cabaças. Mas ao invés de abrir a porta que gemia feito pau verde como comumente fazia, jogando o lagarto e assobiando para a enorme sucurijú, Cangas simplesmente a abriu e empurrou o ancião para dentro, que caiu como pesado e desajeitado fardo.

— Vai pra "Eunete" ocê também, duma veiz... — Murmurou Cangas fechando o gordo homem que o escravizara durante a vida toda.

Esiário Diangio ainda gritou na escuridão:

— Índio mardjito! Catchorro tchifrudo!...

Mas seu lamento foi abafado pelo vulto da "Eunete". Reconhecendo o cheiro do tratador, a grande cobra se aproximou de língua em riste como tateando e logo enrodilhou a encorpada presa. Enquanto a anaconda esmagava o senhor da casa-grande, Cangas voltou, abriu a porta e abaixou-se para pegar os chinelos do patrão que cairam de seus pés com o empurrão. Aproveitou também que a **eunectes murinus** estava ocupada, para pegar a caixa de marfim dos "troféus" que tanto o velho adorava e colocou o par de chinelos dentro...

O bugre Cangas, último descendente dos guaicurus ia abandonar pela primeira vez e definitivamente a sua terra e de seus antepassados, porque nada mais ali lembrava o antigo Pantanal. Tanto a natureza (devastada) como os seres humanos que habitavam aquele trecho estavam mudados, corrompidos que foram, material e espiritualmente, pelos malígnos que vieram de fora.

Jogou o corpo frio de Esiário Diangio no pântano junto das outras vítimas. Em seguida arremessou também o mais longe que poude a pequena caixa onde repousavam as "presas de guerra"...

Pela primeira vez o sótão da casa-grande estava sem barulho. O bugre abriu todas as janelas (que ultimamente viviam fechadas), escancarou as portas, até das gaiolas e viveiros de aves, soltando sabiá-castanha, charão, tietê-corôa, creojá, anambé-escarlate. E do engradado dos répteis. Pássaros, cobra e camaleões voltaram pacificamente para seus lugares de origem...

Lemira chegou desarrumada, descabelada, os olhos inchados de chorar e pendendo de bêbada. Nem deu pela falta do pai, o antigo liberto boi-baguá.

Cangas convidou a mulher que mal podia falar e andar, para seguir com ele.

— Tudo tá perdidu. Num tem mais jeitu, Luna...

Pela primeira vez chamara a mulher pelo nome que só ele conhecia...

Com ar abobalhada, a filha do fazendeiro, outrora famosa "Pérola do Pantanal", sempre rodeada de ricos pretendentes, mais do que depressa aceitou a proposta do empregado, com os olhos presos no infinito e sem ao menos saber para onde iriam. Não lhe restava outra opção, enojada que estava daquele maldito lugar sujo, em que se transformara o sonhado "Quartel da Fortuna" e onde havia enterrado sua vida inútil...

Todas as armas ficariam na fazenda. Tanto as da casa como aquelas que vieram de fora: a Scopeta, a Lupara, o "trezoitão" e a "metranca". A zagaia, vara longa que o bugre caçava onça, a Winchester 44 do patrão, a Mauzer e até a Lugger de Lemira.

Pegaram somente uma sacola onde o índio guardava linhas e anzóes para piavas, mandis e dourados, e colocaram dentro o bastão de guaraná e o tereré, porque não sabiam até onde ia a caminhada e quanto tempo duraria...

Horas depois da partida, os dois ainda andavam, mal vestidos, sem rumo e sem destino. Praticamente com a roupa do corpo, tanto que não foram revistados, sequer molestados pelas autoridades no caminho, principalmente pelo chefe dr. Romeu Tuma, por julgá-los mais um casal de infelizes retirantes; um bugre e uma suja mulher cambaleante acompanhando-o, quando chegou a Polícia Federal!

Homens vinham fortemente armados no sentido contrário, exatamente como na visão que Cangas tivera ao tomar o jagube. Só que a mulher, agora com ele era a filha e não a mãe, como pensara ao ter a visão. O corpo e o cabelo é que se pareciam quando ele a viu de costas...

Por terra, água e ar, simultaneamente! Toda a área fôra invadida por helicópteros, lanchas e carros de assalto! Havia sido acionada a "Operação Cepacol" — Que chegava até onde a comum não alcançava!

Diante da montanha de peles de onças e couros de jacarés, os policiais nunca tinham visto um trecho do Pantanal tão silencioso. Parecia que tudo ali havia sido caçado, exterminado. (Só jacarés, tinham matado 7 milhões em pouco tempo). Até os sons sumiram. Não havia mais canto de pássaro, nem barulho de grilo, um deserto...

Na ala de beneficiamento, tratamento de couros, novos montes gigantescos de peles de animais silvestres que saiam do curtume e passavam na fiscalização como sendo de animais domésticos — bovinos e caprinos...

Os departamentos da poderosa quadrilha de madeiras de lei, animais, minerais e tóxicos, com ramificações por todo o Brasil e em especial com São Paulo, foram vasculhados, um por um, principalmente o que cuidava da preparação da massa da cocaína e encarregado de alastrar o mal pela região. E surpresos ficaram os policiais por não encontrarem ninguém da cúpula da poderosa organização criminosa.

Para aumentar o mistério, de acordo com seus relatórios, depois de meses de investigações, tinham até o número exato de veículos que os quadrilheiros usavam (além de placas dos carros, prefixos dos aviões), em que poderiam fugir numa emergência. Mas permaneciam em ordem, intactos. Tudo parecia não ter sido tocado, estavam no seu devido lugar, carros, caminhões, tratores, barcos, lanchas e principalmente aviões. Os dois Cessna Skyline de 4 lugares.

O dr. Romeu Tuma, homem que gostava de decifrar casos complicados e que durante algum tempo xecara as mais diversas informações para "fazer a aranha", que segundo o jargão policial significava armar a teia, colheu mais uma vitória na sua luta contra o crime, mas não deixou de ficar apreensivo.

Como os cabeças de toda aquela organização do mal, podiam ter escapados, desaparecidos, sem deixar a menor pista?...

— A mata devora tudo... — Concluiu o dr. Romeu Tuma que nem ali deixava de usar gravata e paletó.

Há tempos, a Polícia Federal desconfiava da conivência de algum fazendeiro tradicional, pois os contrabandistas que roubavam e destruiam, jamais prejudicavam o gado...

Mas onde estavam os cultos europeus? O gordo chefão caipira, o "Camaleão"? Só encontraram analfabetos e subnutridos caboclos. E as belas mulheres, a "Maja Desnuda" e a "Pérola do Pantanal" de quem falavam maravilhas? E os ex-militares que não tiravam suas rasgadas e desbotadas fardas? Nas investigações não havia ninguém que não fosse matogrossense; não foi encontrado barbudo com sotaque de baiano que falasse intercalando frases em latim. Nem ao menos as famosas boinas pretas com estrelas verdes dos "comandantes".

Não era a toa que a centenária casa-grande, sede da fazenda, tinha fama em toda a região de ser mal assombrada...

As autoridades haviam chegado para liquidar o crime, na época de seca do Pantanal. Em que a região amarga a ironia de ter sido um brejo permanente. Como o sol pantaneiro não corta o seu ciclo, chega o momento em que tudo — baias, lagoas, corixos — seca completamente.

Os rios perenes estavam longe e inatingíveis para o jacaré que sobreviveu a batalha e ele, sem água, sem alimento, com o sol a endurecer-lhe mais ainda a carapaça, só encontrou um modo de preservar a vida: hibernando.

Na terra ainda molhada do que foi o leito de uma lagoa, o caimam pantaneiro revolveu-se, fez um "ninho" e se enterrou, deixando na superfície apenas o focinho. Enquanto o movimento de tropas continuava grande.

A presença mais uma vez do mimetismo. Camuflado entre ramos secos de gramínea qualquer, enterrado como morto, o jacaré passará vários meses, a espera de que, voltando as chuvas, a lagoa outra vez se forme, e ele então esquelético e faminto "ressucite" para um novo ciclo da vida...

CONHEÇA BEM SUA TERRA,
PARA TER O QUE CONTAR NO ESTRANGEIRO...

Obras de Renato Ignácio da Silva:
"Amazônia, paraíso e inferno!"
(O que é a Amazônia.
Como sobreviver na selva e no mar).
"Selva Assombrada".
(Contos).
"Capitão Piranha".
(Romance).

selva assombrada

UM EMPOLGANTE LIVRO DE RENATO IGNÁCIO DA SILVA, ATUAL, VIBRANTE, REAL, OBRA PIONEIRA E DE INTERÊSSE PERMANENTE, ESPECIALMENTE PARA AQUÊLES QUE EM FUNÇÃO DE SUAS ATIVIDADES, VIVEM EM CONTATO COM A AMAZÔNIA, SEJA PELOS CAMINHOS FLUVIAIS, TERRESTRES OU AÉREOS, CONSTITUINDO ASSIM, NUMA EVENTUALIDADE UM AUTÊNTICO E PRECIOSO MANUAL DE SOBREVIVÊNCIA.
NELE VOCÊ ENCONTRARÁ AVENTURA, INDIANISMO, SERTANISMO, ZOOLOGIA, GEOGRAFIA E HISTÓRIA DA REGIÃO, ATÉ PREVENÇÃO DE ACIDENTES, PRIMEIROS SOCORROS, SALVAMENTOS, MEDICAMENTOS, SINALIZAÇÕES. COMO ENCONTRAR ÁGUA, COMO FAZER FOGO E ABRIGO, CONSELHO SÔBRE CAÇA E PESCA, COMO CONHECER ANIMAIS VENENOSOS, ONDE ENCONTRAR PLANTAS COMÍVEIS E ANIMAIS. COMO TRATAR O INDÍGENA, NOÇÕES DE SOBREVIVÊNCIA NA SELVA E NO MAR, BEM COMO PRÁTICA DE NAVEGAÇÃO ETC. SEM CONTAR AS BELEZAS E PERIGOS QUE SERÃO MOSTRADAS A TODO INSTANTE. AS LENDAS, OS ERROS DE ESCRITORES ESTRANGEIROS E PARA FINALIZAR AS FANTASIAS E REALIDADES DO VERDE PARAÍSO!
OS CONSELHOS APRESENTADOS SERÃO DE GRANDE VALIA NÃO SÓ PARA OS QUE VIAJAM DE AVIÃO PELA AMAZÔNIA, COMO PARA OS QUE ATRAVESSAM AS CAATINGAS DO NORDESTE OU OS PAMPAS GAÚCHOS. SERVINDO ENFIM PARA CAÇADORES, PESCADORES, MILITARES, AVIADORES, MARÍTIMOS, EXCURSIONISTAS, ESTUDANTES, ESCOTEIROS, TURISTAS, RELIGIOSOS, SERTANISTAS, ALPINISTAS, FAZENDEIROS, SITIANTES ETC.
NUM PONTO QUALQUER DA SELVA BRASILEIRA UM AVIÃO ENCONTRA DIFICULDADE EM PROSSEGUIR SEU VÔO...
DENTRO DO AVIÃO DESCONTROLADO.
O TANQUE DE GASOLINA ESTÁ VAZIO... A TEMPESTADE DESVIOU-NOS MUITAS MILHAS DO NOSSO CURSO. TEREMOS QUE TENTAR POUSAR DE QUALQUER MANEIRA! SEJA O QUE DEUS QUISER
NA ESCURIDÃO DA TEMPESTADE O PILOTO PROCURA UMA CLAREIRA NA DENSA MATA, MAIOR REGIÃO FLORESTAL E FLUVIAL DE TODO O NOSSO PLANETA!
CR-RASH!
HORAS DEPOIS O SAR SERVIÇO DE BUSCA E SALVAMENTO DA FAB É ACIONADO...
O AVIÃO PODERÁ TER-SE CHOCADO EM QUALQUER PONTO DESTA ÁREA. VOAREMOS EM PATRULHAS DE PESQUISAS NA ESPERANÇA DE QUE EXISTAM SOBREVIVENTES! E SE ÊLES POSSUÍREM EXEMPLAR DO LIVRO "AMAZÔNIA PARAÍSO E INFERNO!" NOSSA MISSÃO SERÁ EM MUITO FACILITADA!
PARA-SAR FAB
APÓS DIAS DE PESQUISAS INCESSANTES...
SEM A COOPERAÇÃO DO SOBREVIVENTE É DIFÍCIL LOCALIZAR LÁ EM EM BAIXO UM AVIÃO
ESPERE... OLHE NA UM SINAL JUNTO AQUELAS ÁRVORES. IRRADIE AOS RAPAZES. ATERRAREMOS NAQUELA CLAREIRA COM HELICÓPTEROS! PELO JEITO ELES CONHECEM O LIVRO "AMAZÔNIA PARAÍSO E INFERNO!"
ELA ESTÁ APENAS NERVOSA. BEBA UM POUCO DISTO! VAMOS LEVÁ-LA DAQUI JÁ!
AINDA BEM QUE NINGUÉM ABANDONOU O LOCAL DO ACIDENTE!
FOI ÓTIMO ELES SEGUIREM AS INSTRUÇÕES DO LIVRO "AMAZÔNIA PARAÍSO E INFERNO!" FELIZMENTE TUDO NÃO PASSOU DE UM SUSTO!
E COM SABOR DE AVENTURA! TENDO MUITA COISA PARA CONTAR...
*Êste livro foi escrito com a cooperação da Fôrça Aérea Brasileira. Tem êle uma finalidade exclusiva — auxiliá-lo em uma emergência facilitando sua sobrevivência e seu salvamento na Amazônia ou qualquer região do Brasil, como também sôbre o mar, ao longo da costa brasileira.
*AMAZÔNIA
paraíso e inferno!